I0759640

CIUDAD DE MÉXICO

EDSON DÍAZ-FUENTES

Contenidos

Prefacio 7
Introducción 11
Un punto de encuentro culinario 19
Los pilares de la cocina mexicana 27

BASES 41
MARINADOS, ADOBOS Y SALSAS 75
AL DESPERTAR 101
DESAYUNO 117
COMIDA 141
ANTOJITOS 173
BEBIDAS 197
CENA 205

Glosario 246
Índice 248
Acerca del autor 253
Agradecimientos 255

CIUDAD
DE
MEXICO

Prefacio

Crecí en un entorno rural, en la población francesa de Tarbes, donde comíamos platos rústicos gascones. Solo conocíamos aquello. Por tanto, no puedo decir que amé desde siempre la comida mexicana. Apenas era consciente de la diversidad gastronómica regional de Francia. Fue al formarme como chef y trabajar en cocinas de todo el país cuando comprendí plenamente que la comida más sabrosa suele reflejar los productos y tradiciones de un lugar.

Una abuela sin formación especializada suele preparar recetas con más sabor que las sutilezas de las que es capaz un chef con formación clásica.

Fue hace casi veinte años cuando por fin viajé a México, y cabe decir que con bajas expectativas. Solo había probado la cocina mexicana en Londres y no era buena. Parece que a los ingleses les gusta ponerle chile a todo. (Lo mismo ocurre con la comida india.)

Pasé pocos días en Ciudad de México, pero nunca olvidaré la visita a un mercado gigantesco.

Me sorprendió la variedad de fruta y verduras. Del techo colgaban tiras de chicharrón de cerdo. Te cortaban un pedazo, lo pesaban y seguías caminando mientras saboreabas una delicia. Todo tenía un aspecto fenomenal y te dabas cuenta de estar en un país con una sólida cultura gastronómica, aunque todavía no era bien conocida en el exterior.

Comimos en taquerías y puestos junto a la carretera, además de restaurantes más formales. Entonces comencé a darme cuenta de que la cocina mexicana es más compleja de lo que imaginamos. Existen sutilezas y los platos se construyen con capas de sabor. Es cierto que algunos sabores son fuertes, pero como en toda buena cocina, hay profundidad y hay equilibrio. Y también hay colores. Es una cocina que permite darse un festín con la vista.

Mi otro buen recuerdo es la primera visita al Santo Remedio. Me encantan los restaurantes familiares, y la hospitalidad de Edson y su esposa Natalie fue excepcional. Había calor de hogar y alegría, de modo que te sentías feliz incluso antes de que llegara la comida. Cuando llegó, me transportó de vuelta a Ciudad de México.

Espero que disfrutes de este libro tanto como yo. A mí, me trae buenos recuerdos además de darle vida a México. Si bien se centra en Ciudad de México, también señala la diversidad de las cocinas regionales, o sea que voy a verme obligado a volver y explorar. Por ahora, me entran ganas de ponerme a cocinar viendo recetas como la de coliflor ahumada con pipián blanco, costillas de cerdo al pibil o jarretes de cordero a la barbacoa. Las recetas son accesibles, incluso para un francés como yo.

Pierre Koffmann

Introducción

Desde los cinco años, siempre he sido lo que se dice un tragón. Uno de mis primeros recuerdos de infancia es de unas vacaciones en Acapulco. Una vez un enclave glamuroso, se hizo famoso en la década de 1950 cuando lo frecuentaban estrellas de Hollywood como Elizabeth Taylor y Ronald Reagan. Allá iban los habitantes de Ciudad de México los fines de semana para escapar del bullicio de la ciudad a principios de los años ochenta.

Yo estaba en la palapa a punto para el desayuno, mi comida preferida. Hacía cola delante del comal, donde una de las cocineras preparaba antojitos. Esperaba pacientemente mi turno para pedir sopes de frijoles negros para desayunar. Pero los adultos iban recibiendo su comida mientras yo quedaba sin. No me había dado cuenta de que era tan chiquito que la cocinera no me veía. Aunque no me importaba que me ignorara. Estaba cautivado.

Observaba cómo hacía bolas de masa, las ponía entre dos láminas de plástico y las aplastaba con la prensa para tortillas para formar discos perfectos. Las disponía sobre el comal el tiempo suficiente para cocerlas antes de pellizcar los bordes y convertirlos en sopes. Luego, las rellenaba de frijoles negros con queso fresco y crema.

Por suerte, uno de los clientes me vio y se aseguró de que recibiera mis sopes, y los días siguientes la cocinera ya no falló en verme. Continué disfrutando del ritual diario, el inicio perfecto del día: el goce de ver y oler la masa recién hecha, cocinada y depositada en mi plato, y el placer de devorarla en mi mesa. Se puede decir que fue el comienzo de mi viaje culinario.

Nací y me crie en Ciudad de México. Caótica, ajetreada y siempre en movimiento. Un crisol de sabores y comida de todo México, uno de los países más diversos del planeta.

Para mí, como para todos los mexicanos, la comida forma parte integral de la vida. No hay reunión social, festividad o festejo donde la comida no sea esencial. Al crecer en la Ciudad de México, me acostumbré a visitar sus mercados, puestos de comida callejera, fondas, cafeterías y, más adelante, con mi padre José María, sus cantinas.

Lo que hace especial y singular una cocina no son solo las recetas, ingredientes y técnicas culinarias, sino también las historias y tradiciones que rodean la comida. En mi caso, cantidad de recuerdos están relacionados con los alimentos que comí creciendo.

Uno de mis recuerdos preferidos es ir a comprar con mi madre Lucero y hermana Meri al mercado de Coyoacán. Una tarea que siempre se veía recompensada con las quesadillas de un puesto concreto que a mi madre le gustaba. Los bancos ubicados en

el centro del mercado estaban rodeados de puestos que ofrecían variedad de opciones, desde tacos y tostadas hasta mariscos o jugos recién hechos. Lo que hoy en día se conoce como mercados gastronómicos son lo normal en México desde hace siglos. La visita a Coyoacán para comprar alimentos frescos para la casa siempre iba acompañada de jugos, pan dulce recién horneado y chocolate caliente de diversos proveedores. Era una manera ideal de empezar la mañana y convertía la salida en una tentación imposible de resistir.

Las visitas al centro histórico de México con mi abuela siempre incluían una parada en la Churrería El Moro, que ya conocían mi madre y mi abuela de niñas. En la churrería, abierta en 1935 por españoles que huían de la Guerra Civil, era como un premio observar al churrero manejar la masa para freírla en aceite hirviendo y sacar los churros, crujientes y ligeros, para luego espolvorearlos con azúcar. Servidos calientes en platos de melamina y acompañados de un chocolate caliente para mojar eran el mejor premio. Durante estas visitas escuchaba historias sobre la infancia de mi madre, cuando iba a las tiendas que su padre manejaba desde hacía décadas en el centro histórico. El abuelo Rafa dirigió la tienda Ultramarinos Canadá durante más de treinta años. Probablemente fue uno de los primeros establecimientos en México en vender productos españoles selectos, como aceite de oliva, sardinas en lata y turrones. Luego, en 1968, abrió una tienda de dulces llamada El Rey de las Cajetas, donde vendía cientos de dulces mexicanos en la calle de la Palma, en el centro histórico de la Ciudad de México.

Como estas, eran infinidad las excursiones culinarias familiares que nunca olvidaré. Algunas evolucionaban a medida que probábamos comida nueva y otras fueron siempre rituales semanales; fuimos fieles a algunos lugares, ya fuera la taquería o tortería local, y restaurantes como El Arroyo, en las afueras, donde todavía preparan barbacoas tradicionales. Aquí solíamos improvisar celebraciones familiares con mis padrinos Lili y Daniel, y sus hijos Daniel y Lalo, quienes son como hermanos para mí.

Incluso un puesto de carretera evoca recuerdos maravillosos en mí. Como el puesto de tortas de milanesa de la entrada de la preparatoria en el sur de Ciudad de México. Eran deliciosas, saciantes y baratas, y nos las comíamos junto al puesto a la hora de la comida. Ideales para alimentar estudiantes sin dinero. No sé si el puesto sigue ahí, pero aquellas maravillosas tortas irán siempre unidas a mi adolescencia. Años remando con el equipo nacional de remo, viendo cine independiente en la Cineteca Nacional y comiendo por la ciudad antes de marcharme a los dieciocho años.

Tuve la suerte de crecer en una familia y cultura donde la buena comida se valora y se encuentra todo el año. De mayor, aprendí a apreciar los restaurantes icónicos de Ciudad de México –como El Cardenal, la Hacienda de Los Morales y El Bajío– que influyeron en mi amor no solo por la buena gastronomía tradicional sino también por una impecable hospitalidad.

Empecé a cocinar para grupos de amigos cuando mi esposa Natalie y yo vivíamos en un loft de Brooklyn, Nueva York, en 2010. Encontraba inspiración en los productos de las bodegas del barrio, Bushwick, manejadas por mexicanos.

Empecé a cocinar en casa, mezclando sabores de mis recuerdos de platos familiares e inspirándome en la comida callejera de México. No me considero una persona con una gran memoria visual, por lo que siempre tomo fotos de aquello que quiero recordar. Sin embargo, sí poseo una gran memoria gustativa. Eso me ha ayudado a recuperar platos icónicos preparados con mis abuelas, además de los saboreados en puestos, fondas, mercados y, claro está, restaurantes de la fabulosa e interminable oferta de la Ciudad de México. Estos, combinados con mis viajes, han influido en las recetas de mi creación. Desde Baja California, al norte del país, hasta Yucatán, al sur, pasando por mi formación en la cocina de uno de los mejores chefs mexicanos, Alejandro Ruiz de Casa Oaxaca, en Oaxaca, que fue una inmensa inspiración.

En 2014, Natalie y yo nos mudamos a Londres, donde decidimos abrir el Santo Remedio. El nombre del establecimiento viene de la expresión que mi madre usa a menudo y hace referencia a la solución fortuita o casual de un problema. Deseaba compartir con los londinenses la comida que más echaba de menos de mis mercados, mi hogar y mis celebraciones familiares. Empezamos con tiendas efímeras, clubes de cenas y puestos de mercado antes de establecer nuestro restaurante cerca del Puente de la Torre. Nos esforzamos por crear una selección de platos cuidadosamente elegidos, música y decoración que te transporten a México y te hagan sentir feliz. Tanto las carnitas de cerdo con salsa verde similares a las de Ciudad de México, como los tacos de pescado inspirados en los de Baja California o los huevos motuleños de Yucatán, todos nuestros platos cuentan una parte de mi historia.

Muchos de los días invertidos en la creación de este libro fueron alimentados con comida a domicilio procedente de restaurantes de Ciudad de México. Mientras escribo esto, estoy esperando comida de La Barraca Valenciana, una tortería de Coyoacán, al sur de Ciudad de México, famosa por su mercado, pintoresca plaza y La Casa Azul, hogar de los conocidos artistas mexicanos Frida Kahlo y Diego Rivera.

Es diciembre de 2020 y, tras casi veinte años fuera de la ciudad, los vendedores ambulantes evocan mis recuerdos de infancia. Había olvidado lo íntimamente relacionados que están la comida y los sonidos en este lugar. Como si se tratara de la llamada de un ave urbana, cada vendedor hace sonar su singular sirena.

El vendedor de camotes, que prepara camotes asados al carbón rellenos de leche condensada, cuyo silbido es conocido por todos; la persona que recorre las calles en bicicleta gritando, «¡Tamales *calientitos*!», que de niño salía corriendo para verla; el carrito de los esquites, que vende granos de maíz, el ingrediente más icónico del país, tostados o hervidos y servidos con chile en polvo, queso fresco o curado, jugo de limón y mayonesa, uno de los tentempiés preferidos de mi infancia. Sin olvidar los vendedores de tacos de canasta, cuyos inconfundibles cláxones se escuchan por las calles a la hora de la comida.

Ya fueran tamaleros, camoteros, fruteros o chicharroneros, los vendedores ambulantes, que visitan calle por calle, me hacían sonreír al llegar a mi portal. Igual que ahora, ya que, para los millones de habitantes de esta extensa ciudad, la comida no es solo sustento para las largas horas de trabajo, sino también un momento de confort y alegría.

CASA
Dulcería de Celaya
FUNDADA EN 1874
DULCERIA DE CELAYA
SOLICITA EMPLEADA DE MOSTRADOR
DULCERIA DE CELAYA
SOLICITA AYUDANTE GENERAL (MASCULINO)
NIKE

BBC
152

Santo Remedio ... COCINA MEXICANA
Santo Remedio
COCINA MEXICANA
¡Se habla español!
We also speak English
(JUST ABOUT)
WE ARE HIRING!

10

Un punto de encuentro culinario

La Ciudad de México es una de las mayores metrópolis del mundo. El bullicio es constante y la gente no para nunca. El olor de la comida cocinándose al carbón en los puestos de la calle, la música que sale de los autobuses y el terrible tráfico puede resultar una agresión para los sentidos. Pero también es bello, mágico y surrealista. Con uno de los mayores parques urbanos del mundo, Chapultepec, más de 150 museos, arquitectura cautivadora, murales y calles coloniales, es una ciudad magnífica –incluso antes de adentrarse en las maravillas culinarias que ofrece.

Conocida entre los mexicanos de mi generación como DF (Distrito Federal), la Ciudad de México es la capital del país. Concentra una enorme variedad social, económica, política y culinaria, donde se juntan las diversas culturas gastronómicas del país.

Los originarios de la capital se conocen como chilangos, y existe una revista con ese mismo nombre para los habitantes de DF. Si llegas en avión de noche, las luces del valle y las montañas circundantes que se extienden kilómetros son una vista majestuosa. Como una gigantesca joya dorada, un mar de oro, que se expande sin final.

El área metropolitana de Ciudad de México y los estados limítrofes –Puebla, Estado de México, Hidalgo, Tlaxcala y Morelos– reúnen una experiencia gastronómica sin igual, con una gama de sabores y olores que resultan una delicia para los sentidos.

Esta metrópolis de más de 20 millones de personas es un laberinto interminable de puestos de tacos para cenar, de jugos para desayunar y de tortas para comer. Un monstruo que alimenta chilangos hambrientos tres veces al día, con algo que comer en cada esquina y listo para satisfacer cada capricho que se le antoje a uno a cualquier hora del día o la noche.

Lo que encontrarás prácticamente en todas partes son tacos. Como le comenté a alguien que me preguntó cuándo comemos tacos: los tacos son una forma de vida. No se puede separar a un mexicano de un taco, como afirma mi querido amigo Richard Ampudia. Y no hay lugar donde esto sea más cierto que en Ciudad de México, donde se puede disfrutar de los tacos para desayunar, comer o cenar –además de entre horas. A mí, me gusta probar diferentes tipos, desde los tradicionales a los más inventivos. Aunque creo que no hay reglas sobre lo que se les debe poner, sí pienso que se montan sobre tres principios fundamentales: tortillas, rellenos y salsas.

Según el chef mexicano e investigador Ricardo Muñoz Zurita, el taco perfecto puede comerse en tres bocados: lo bastante para satisfacer tu antojo y dejarte con ganas de más.

Los mejores ejemplos de ello se encuentran en Los Cocuyos, en el centro histórico, donde

TAQUERIA
LOS COCUYOS
TACOS DE:
SURTIDA $8.00
CAMPECHANO $13.00
CABEZA $13.00
MACIZA $13.00
CACHETE $13.0
OJO $13.0
TRONCO DE OREJA $13.0
MOLLEJA $13.0
TROMPA $13.0
TRIPA $13.0
LONGANIZA $13.0
SUADERO $13.0
LENGUA $15.00
SESOS $15.00

GRACIAS
POR SU
PROPINA
TAQUERIA
LOS COCUYOS
TACOS DE:
SURTIDA $8.00
CAMPECHANO $13.00
CABEZA $13.00
MACIZA $13.00
CACHETE $13.00
OJO $13.00
TRONCO DE OREJA $13.00
MOLLEJA $13.00
TROMPA $13.00
TRIPA $13.00
LONGANIZA $13.00
SUADERO $13.00
LENGUA $15.00
SESOS $15.00

sirven tacos de cabeza de vaca. Es un modesto local abierto veintitrés horas al día; cierra una hora de madrugada para limpiar y prepararlo todo para la siguiente jornada.

Sirven tacos de sesos, oreja, lengua, cachete o cualquier otra parte de la cabeza; no se desperdicia nada. Todo se cuece en una cacerola con manteca y se van sacando y troceando los ingredientes a demanda, se sirven con dos tortillas, como es costumbre en México, cilantro, cebolla y salsa verde. Son deliciosos, gracias a la combinación de grasa, especias y acidez que crea un sabor sorprendente con cada bocado.

Pero los tacos no son necesariamente sencillos y los hay también complejos y refinados. Pujol, que en 2019 ocupó el duodécimo puesto de la lista de los 50 Mejores Restaurantes del Mundo, ofrece un menú degustación a base de tacos. Antes de Pujol –y otros restaurantes contemporáneos–, muchos chilangos consideraban la cocina europea, como la francesa o italiana, más exquisita que la regional. Para muchos, este establecimiento dio relieve a México como destino culinario y promovió el merecido reconocimiento de su cocina como una de las más complejas, ricas y fascinantes del planeta.

Cuando ya parece que la ciudad se dispone a dormir, hay un lugar que despierta a la vida. Llegan camiones de todo el país para llenar casi treinta kilómetros (dieciocho millas) de pasillos con productos frescos de todo México. Es uno de los mayores mercados del mundo y hay quien dice que la Central de Abasto es una ciudad dentro de la ciudad.

Es enorme y cuenta con oficinas bancarias, sistema de comercio, zonas recreativas, reglas no escritas, taquerías y puestos de comida. Es el lugar desde el que se alimenta a toda la ciudad. Todo aquel que dirija un comercio relacionado con la alimentación, desde fruteros hasta restauranteros, o cuyo negocio se base en la venta o la investigación alimentaria, desde fotógrafos hasta antropólogos, habrán visitado la Central de Abastos.

Los mercados siempre han sido esenciales en nuestra cultura. Nuestra biodiversidad y clima variado permite que este terreno produzca una amplia gama de productos, desde fruta y verdura hasta café, cacao, vainilla y más. De hecho, México introdujo la vainilla, cacao, aguacates, jitomates, maíz y chiles en gastronomías de otros lugares del mundo.

Mis recetas reúnen los platos que más me gustan, elaborados con los ingredientes que más estimo: cacao, maíz, chiles y jitomates, combinados con ingredientes adoptados en mis etapas en los EE. UU. o el Reino Unido a lo largo de los últimos quince años. Muchas de las recetas, como las rajas de padrón con crema (página 182) o el chocolate de agua especiado (página 108) son producto de esta integración de ingredientes. No me gusta sentirme restringido y disfruto adaptando recetas para aprovechar productos locales.

Tal vez comenzar el día con atole de fresas (página 122) y pan francés con agave, nibs de cacao y tocino (página 120) no suene muy tradicional, pero para mí combina elementos de platos mexicanos con uno de los mejores ingredientes ingleses, las fresas. Es mi versión del atole que los mexicanos llevan siglos tomando. El pan francés con tocino y agave era el desayuno especial de los sábados de mi padre, por eso no podía dejar de incluirlo aquí.

Este libro se inspira en un fin de semana en Ciudad de México, con el tipo de platos que uno comería a diferentes horas del día y que evocan un sentido de la ciudad en aquel momento del día: ya sea la lectura de un buen libro a primera hora mientras se toma café y un pan dulce en La Roma, unas copas antes del anochecer en el pintoresco barrio de La Condesa, o una noche en una de las icónicas cantinas del centro histórico escuchando a los mariachis tras una visita a la sala de conciertos Art Déco del Palacio de Bellas Artes. Como verás en las historias de los siguientes capítulos, a toda hora del día o la noche la comida y bebida de Ciudad de México tiene algo que ofrecer.

PRIMOS

VANS
OFF THE WALL

Los pilares de la cocina mexicana

Antes de ser conocida como Ciudad de México, Tenochtitlan era la antigua capital del imperio azteca fundada alrededor de 1325 junto al lago Texcoco. Se cree que la fundaron un grupo de tribus Nahua que, cuenta la leyenda, decidieron establecerse allí donde vieran un águila posada en un cactus junto a un lago. Según la leyenda, la Ciudad de México está construida sobre lo que fuera este antiguo lago.

La ciudad se halla en un valle rodeado de montañas y volcanes: los más icónicos son el Iztaccíhuatl y el Popocatépetl. Hace siglos, estaba formada por multitud de canales que conectaban los mercados y las diferentes zonas de esta bulliciosa ciudad, y las personas y mercancías se transportaban en barcas. En la época de la invasión española era más grande y más limpia que cualquier ciudad europea. Estos mercados, conocidos como tianguis, eran centros de vida social y comercial. A día de hoy, los mercados de la ciudad siguen siendo parte de este tejido social y económico.

Una de las zonas más importantes de la ciudad es Xochimilco, que data de antes de la conquista española y sorprendentemente ha sobrevivido hasta ahora. Presenta un complejo sistema de chinampas, unidas por canales de agua.

La palabra *chinampa* procede del término náhuatl *chinamitl*. Las chinampas fueron construidas en épocas prehispánicas y en ellas se cultivaba amontonando barro del fondo de los lagos del valle de México, creando huertos fértiles y dividiendo la tierra mediante acequias. El barro es rico en materia orgánica y se mantiene en su lugar con ayuda de unas vallas de madera. El suelo absorbe agua y nutrientes por filtración, de modo que no depende de la lluvia ni las estaciones. Esta técnica convierte un terreno que podría considerarse inutilizable en un eficiente sistema de producción de alimentos.

Entre 1400 y 1600, las chinampas viven su mejor momento en Tenochtitlan y en ellas se cultivan hasta ochenta especies vegetales. No obstante, algunos investigadores afirman que esta «tecnología» fue empleada durante siglos, o tal vez milenios.

Estas parcelas increíblemente fértiles se usan hoy para cultivar maíz, tomate, legumbres, chiles y otros productos que se venden en los mercados de la ciudad. Lo que hace tan extraordinarias estas tierras es que son tan ricas en nutrientes que permiten tres cosechas al año. Para ello, en la actualidad sigue usándose el método tradicional de rotación de cultivos. Por desgracia, el crecimiento de la ciudad y el poco valor que se otorga a este sistema agrícola tradicional ponen Xochimilco en peligro de desaparición. Las chinampas sobrevivieron a una invasión y conquista, por lo que ello representaría un trágico final para un tipo de tecnología que el planeta necesita ahora más que nunca.

La cocina de la Ciudad de México es una mezcla de ingredientes indígenas con platos y productos llegados a México con la conquista española en 1521. Cerdo, pollo, carne de res y cordero, además de productos lácteos, fueron introducidos a la entonces conocida como Nueva España. Muchos ingredientes también llegaron de Asia a través de las Filipinas, y de África y el Oriente Medio como consecuencia de la conquista árabe de España. México, a su vez, exportó chiles, chocolate, vainilla, maíz, jitomates y aguacates, entre otros.

A finales de los años 1930, a causa de la Guerra Civil española, muchos artistas y profesionales vinieron de aquel país buscando un nuevo hogar en México. Trajeron con ellos su cultura, vitalidad y tradiciones culinarias, y las introdujeron en la sociedad mexicana a través de restaurantes y tiendas de alimentos, que dieron a conocer platos tradicionales. Todavía existen muchas cantinas españolas, como la Covadonga y El Sella, con platos españoles en el menú, como chamorro, morcilla o pescado a la sal. Llevan tanto tiempo sirviéndose en la ciudad que ya forman parte de la gastronomía mexicana.

Un ejemplo de ello es el bacalao a la vizcaína. Representa la fusión de la herencia española y la cocina mexicana, adaptada y adoptada por los habitantes de Ciudad de México en la década de1950. Este pescado secado y salado, cocinado con jitomate, cebolla, perejil y chiles es ahora una clásica receta navideña que se sirve en casi todos los hogares de la ciudad.

Los inmigrantes libaneses, llegados en las décadas de 1920 y 1930, trajeron consigo sus kebabs shawarma, de nuevo adaptados con el uso de chiles, carne de cerdo en lugar de cordero, y tortillas en lugar de pan de pita. Así nacieron los tacos al pastor que ahora se sirven en taquerías especializadas.

La comida tradicional mexicana fue declarada Patrimonio Cultural Inmaterial de la Humanidad por la UNESCO en 2010 por su diversidad y complejidad, además de la historia de múltiples platos. Para los que nos hemos dedicado a compartir estos platos, el décimo aniversario de esta declaración marcó una mayor apreciación mundial de lo que el difunto Anthony Bourdain describió como «una de las gastronomías más subestimadas, incomprendidas e infrarrepresentadas». Pero gracias al trabajo de estudiosos como Diana Kennedy, quien ha dedicado décadas de investigación de los ingredientes, recetas y técnicas culinarias mexicanos, con más de 90 años de edad, más personas fuera de la Ciudad de México comprenden hoy en día la complejidad de esta cocina.

Los pilares o raíces de la cocina mexicana se sustentan sobre el uso de maíz, judías o frijoles y, por supuesto, chiles, en todas sus variaciones. Existen más de cien variedades de maíz tradicionales con distintas formas, colores y sabores.

El maíz azul, por ejemplo, suele emplearse para preparar antojitos mexicanos (tentempiés de maíz) y, cuando es posible, lo elijo por encima del amarillo por su sabor más intenso. También hay maíz rojo, morado e incluso negro, todos con perfiles de sabor y textura diferenciados. El maíz palomero también es mexicano, o sea que cuando comes palomitas en realidad estás degustando comida mexicana.

Lo mismo ocurre con el amaranto o la chía: estos «superalimentos» son cereales que las familias mexicanas llevan siglos consumiendo.

Para mí, cocinar no es solo la actividad de supervivencia que consiste en transformar los alimentos como nuestros ancestros, sino que es un placer, una pasión, convertidos en una profesión.

Cuando cocinamos, construimos perfiles de sabores al incorporar ingredientes. La

idea de que los platos salados deben ser picantes es una mala concepción extendida acerca de la comida mexicana. Es cierto que usamos chiles en la mayoría de los platos, especialmente en adobos, moles, recaudos o marinados. Pero en la cocina, como en la vida, la clave es el equilibrio. Al mezclar sabores distintos, como con los chiles, equilibramos lo salado, dulce, ácido, amargo y umami, con el objetivo de potenciar el sabor. Los chiles también son buenos para el sistema inmune.

Los aztecas y los mayas combinaban cacao y chile con agua para elaborar una deliciosa bebida ceremonial que aportaba nutrientes y además favorecía la producción de endorfinas. Se consideraba que los chiles poseían propiedades medicinales y eran buenos para el metabolismo y la salud.

Al cocinar en casa, espero que incorpores toques personales a las recetas básicas de este libro, especialmente las de los capítulos Bases (páginas 40-73) y Marinados, adobos y salsas (páginas 74-99). Al irte acostumbrando a las recetas, puedes adaptarlas a las preferencias de tu familia.

La clave del éxito para cualquier plato son unos ingredientes de temporada de calidad, además del amor empleado al cocinarlo. La mayoría de los platos del libro se subdividen en varios pasos, de modo que algunos componentes pueden prepararse con antelación para ahorrar tiempo y pueden adaptarse. Se presentan estructurados como en nuestro restaurante, Santo Remedio, para facilitarte la preparación antes de degustarlos a solas, en familia o con amigos. Por ejemplo, el caldillo de jitomate (página 51) es tan versátil que puede usarse como base para la sopa de tortilla (página 144), los huevos motuleños (página 136) o las enchiladas de flor de jamaica (página 153), y prepararse con antelación. También se puede convertir en algo más complejo si se combina con otros componentes como los chipotles en adobo (página 82), la salsa de árbol (página 92) y el adobo de guajillo (página 89). Estos, además de encurtidos, salsas, marinados, cátsup y salsa chamoy, pueden entrar a formar parte de tus platos clásicos de temporada.

El objetivo de este libro de cocina es proporcionarte inspiración más que la tiranía de preparar unas recetas al pie de la letra. Al fin y al cabo, lo que nos inspira para cocinar para familia y amigos es el placer de la cocina y el de alimentar a los demás. Te animo a ser creativo. No te sientas limitado si no encuentras un ingrediente en particular: utiliza el pescado que prefieras; opta por chiles chipotle meco en lugar de morita; o usa chiles verdes tailandeses si no tienes jalapeños verdes. Se trata de mantener el equilibrio y comprender cada ingrediente: algo que solo se consigue cocinando y probando, cocinando más y probando más.

Debo advertirte que preparar una buena masa requiere tiempo y paciencia. Espero que disfrutes preparando tamales como nosotros en casa, y que te diviertas preparando los de mis recetas. También puedes crear versiones nuevas incorporando sobras de la comida del domingo que puedan envolverse fácilmente con la masa de maíz y cocerse al vapor. Este libro no se centra en recetas tradicionales. En su lugar, su propósito consiste en animarte a descubrir nuevos sabores en casa y darte a conocer nuevos ingredientes y técnicas de la cocina mexicana.

BASES

Estos son algunos de los fundamentos de la cocina mexicana. Sustentan muchos de sus platos y son el inicio de varias recetas de este libro. Desde encurtidos hasta queso fresco, estos elementos se utilizan para elaborar tacos, tostadas, guisos y sopas, o acompañar casi cualquier plato. Son las bases a partir de las que creamos comida mexicana como debe ser, y son la esencia de muchos platos. He desarrollado algunas de estas recetas a partir del recuerdo de los platos de mi abuela. El olor de la masa de maíz o el aroma de los chiles poblanos cociéndose me regresan a la infancia, cuando estos olores invadían la casa. De niño, los métodos lentos inherentes a la cocina mexicana me resultaban eternos antes de ver que los platos se materializaban en la comida del día. La comida mexicana es *slow food*, pero el tiempo y la dedicación son lo que convierten unos ingredientes sencillos en algo sublime. Los platos especiales de mi cumpleaños eran los pambazos, tamales y chiles rellenos de mi abuela Carmela, a quien estaré eternamente agradecido.

Guacamole clásico

«¿Cómo se prepara el guacamole perfecto? Ésta es una pregunta que me han hecho a menudo viviendo fuera de México. Mi respuesta es siempre la misma: todo depende del uso de aguacates mexicanos bien maduros. Su cremosidad es una gozada, y solo hay que mezclarlos con unos pocos ingredientes para un guacamole delicioso.

En México, utilizamos la palabra *desflemar* para describir la acción de añadir el jugo de cítricos, vinagre o agua a los vegetales o chiles para reducir su acidez o intensidad sin perder su sabor. En este caso, al añadir jugo de limón a la cebolla, rebajamos un poco la esencia que tienen las recién cortadas. El guacamole suele prepararse con cebolla blanca, pero aquí prefiero usar la morada porque en lugares como el Reino Unido es más dulce, similar a las cebollas blancas mexicanas. Añadir acidez al guacamole con el jugo de limón evita además la oxidación del aguacate, lo que impide que se vuelva café. Las abuelas mexicanas suelen dejar el hueso del aguacate en el guacamole con el mismo objetivo. Puedes adoptar ambos trucos.

4 RACIONES

¼ de cebolla morada, troceada fina
jugo de 1 limón
2 jitomates maduros, partidos por la mitad, sin semillas y picados
2 aguacates maduros, pelados y sin hueso
15 g (½ oz) de cilantro, picado
1 chile serrano o jalapeño, sin semillas y picado (al gusto)
sal marina fina

1. Añade la cebolla a un bol y vierte encima la mitad del jugo de limón. Reserva.
2. Añade los jitomates troceados a un bol y espolvorea con una buena pizca de sal. Mézclalo bien y luego deja los jitomates en un colador sobre otro bol. La sal potenciará su sabor y les hará soltar el agua. No necesitamos el agua del jitomate para el guacamole, pero guárdala para marinados, salsa roja cruda (página 78) o caldillo de jitomate (página 51).
3. Añade la pulpa del aguacate a un bol grande y vierte el resto del jugo de limón. Con un tenedor, aplasta el aguacate, pero deja algunos trocitos: no pretendemos que quede hecho puré ni acuoso. Escurre la cebolla y añádela al bol, junto con el jitomate escurrido y el cilantro. Mezcla con una espátula vigilando para no aplastar más el aguacate.
4. Añade el chile al gusto y rectifica de sal. Ya está. Nada más que añadir, ¡a excepción del hueso del aguacate!

NOTA: «Limón» es el nombre con el que se denomina al cítrico *Citrus × aurantifolia* en México, conocido en España y otros países como «lima».

Chiles en escabeche

En torterías y fondas verás estos tarros de encurtidos. Se nota el sabor de todas las especias, pero no resulta picante. Al prepararlos, a mí me gusta combinar capas de sabor con ingredientes como las semillas de cilantro, miel y chiles ahumados secos. Disfruta de estos chiles en tortas o bocadillos, o para acompañar los tacos de canasta (página 165) con una cerveza.

SALEN 2 TARROS DE 1 LITRO (34 FL OZ)

180 g (6 ½ oz) de papas cambray, partidas por la mitad
1 litro (34 fl oz/4 tazas) de agua
250 ml (8 ½ fl oz/1 taza) de vinagre de manzana
3 cucharadas de miel
1 cucharada de semillas de cilantro
1 ½ cucharaditas de sal
2 chiles pasilla mixe (o bien morita secos o chipotle meco)
4 hojas de laurel
90 g (3 ¼ oz) de zanahorias baby, partidas por la mitad
100 g (3 ½ oz) de elotitos tiernos, partidos por la mitad
250 g (9 oz) de jalapeños verdes o rojos

Necesitarás 2 tarros de 1 litro (34 fl oz) de capacidad

1. Añade las papas a una olla grande de agua hirviendo con sal. Deja hervir a fuego fuerte 10 minutos o hasta que queden tiernas, luego escúrrelas.
2. Añade el agua, vinagre, miel, semillas de cilantro, sal, chiles mixe y hojas de laurel a una olla grande de material no reactivo a fuego medio. Deja cocer por espacio de 10 minutos. Añade las papas, zanahoria, maíz y jalapeños a la olla y retírala del fuego. Deja enfriar 10 minutos.
3. Reparte las verduras entre los dos tarros, luego rellena con el líquido. Los encurtidos estarán listos para comer al día siguiente y se conservan en el refrigerador hasta 1 mes.

CONSEJO: Una manera fácil de esterilizar los tarros consiste en meterlos en el horno a 170 °C/150 °C con ventilador/340 °F/gas 3 ½ durante 20 minutos. Retira del horno y deja enfriar.

Mojo de ajo

Este es el secreto que hace fácil la cocina mexicana. Una vez cocinado y conservado en el refrigerador, se convertirá en el ingrediente básico para guisados y adobos, ideal para refritos vegetarianos como el de frijoles negros con aguacate (página 71). Los dientes de ajo se confitan en aceite y adquieren un sabor caramelizado que condimenta de por sí.

SALEN 300 G (10 ½ OZ)

300 g (10 ½ oz) de dientes de ajo, pelados (véase Consejo)
unos 200 ml (7 fl oz/1 taza escasa) de aceite de pepita de uva
¼ de cucharadita de sal marina fina

1. Añade los dientes de ajo y el aceite a una olla pequeña, de modo que queden cubiertos, casi sumergidos. Añade un poco más de aceite si hace falta. Pon la olla a calor medio y, cuando esté caliente, baja el fuego y cuece a fuego lento durante 30 minutos hasta que los ajos se doren. Deben quedar blanditos y romperse con facilidad.
2. Retira del fuego y deja enfriar. Añade la sal y rectifica.
3. Una vez fríos, tritura los ajos con el aceite hasta obtener un puré homogéneo y bien emulsionado. Notarás que tiende a separarse, pero eso es normal.
4. El mojo de ajo se conserva en un recipiente de cristal en el refrigerador durante un par de semanas.

NOTA: Para preparar una mayor cantidad, añade ajos y aceite a una fuente apta para el horno y ásalos a 160 °C/140 °C con ventilador/325 °F/gas 3, durante 45 minutos-1 hora, hasta que queden blanditos y dorados. Sácalos del horno, sálalos y deja que se templen antes de triturarlos.

CONSEJO: Para pelar los dientes de ajo, pártelos antes por la mitad. La piel se desprende luego fácilmente. Con la punta de un cuchillo, retira el brote verde del interior.

Sofrito de cebolla

Como el mojo de ajo, me gusta preparar sofrito en cantidad y conservarlo en el refrigerador. Así, preparar otras recetas resulta mucho más rápido y sencillo. La pasta de ajo intensifica el sabor de la cebolla, y la emulsión de la cebolla con el ajo y el aceite actúa como espesante natural.

SALEN 350 G (12 OZ)

150 g (5 oz) de mojo de ajo (página 49)
500 g (1 lb 2 oz) de cebollas, en láminas finas
½ cucharadita de sal marina fina

1. Calienta el mojo de ajo en una sartén mediana a fuego lento. Cuando esté caliente, añade la cebolla. Remueve unos minutos para que la cebolla se impregne bien del ajo, luego baja el fuego y deja cocer lentamente 20 minutos. Vigila la cebolla, remueve y rasca el fondo de la sartén periódicamente, y comprueba que se cueza por igual y no se pegue ni se queme.
2. Cuando la cebolla esté blanda y algo dorada, añade la sal y remueve, luego retira del fuego y deja enfriar.
3. Se conserva en un recipiente de vidrio en el refrigerador durante 4-5 días.

Caldillo de jitomate

Uno de mis primeros recuerdos de mi abuela Carmela es ella cocinando este plato. Es la base de muchos guisados, como los chiles rellenos (página 220). Creo que cada familia tiene su propia receta, con muchas variaciones. Utiliza este caldillo de jitomate para motuleños y enchiladas. Es ideal para introducir a los niños en la cocina mexicana: yo lo preparo así en casa porque mis hijos todavía no toleran el picante, y es la base perfecta para una sopa de tortilla (página 144).

Pero sí añado chiles para un sabor más intenso. Los chiles secos o ahumados –ancho, mulato, chipotle, meco– le aportan riqueza. Tuéstalos en un comal o una plancha antiadherente, presionándolos con una espátula, hasta que queden blandos y moldeables. Procura no quemarlos. Añádelos al caldillo durante la reducción.

SALEN 1,3 LITROS (44 FL OZ/5¼ TAZAS)

1,5 kg (3 lb 5 oz) de jitomates de pera maduros, en cuartos
2 cebollas moradas, en cuartos
60 g (2 oz) de dientes de ajo, pelados
200 ml (7 fl oz/1 taza escasa) de agua
50 g (2 oz) de mojo de ajo (página 49)
4 hojas de laurel
6 hojas de aguacate secas
1 ½ cucharadita de sal
½ cucharadita de pimienta negra recién molida
azúcar moreno o miel de agave, al gusto (opcional)

1. Añade los jitomates y cebolla al vaso de la licuadora. Añade los ajos y unos 50 ml (1 ¾ fl oz/3 cucharadas) del agua. Tritúralo bien para obtener un puré.
2. Pon una olla o cacerola grande de base gruesa a fuego medio. Añade el mojo de ajo, las hojas de laurel y de aguacate, y fríelo unos minutos para que suelten su aroma. Vierte la mezcla de jitomate y remueve bien. Añade el resto del agua y vuelve a mezclar. Lleva a una cocción suave y cocina a fuego lento durante 20-25 minutos, hasta que adopte un tono rojo oscuro. Remueve de vez en cuando para que nada se pegue.
3. Salpimienta y añade un poco de azúcar o miel de agave si es necesario equilibrar la acidez. Usa la salsa enseguida o déjala enfriar. Se conserva en un recipiente hermético en el refrigerador hasta 4 días.

Cebolla morada

Estas cebollas encurtidas, avinagradas y cítricas aportan un punto de dulzor que va bien con carnes grasas. Son ideales con la cochinita pibil, uno de mis platos yucatecos preferidos, pero también en ensaladas o como guarnición.

SALE UN TARRO DE 1 LITRO (34 FL OZ/4 TAZAS)

200 ml (7 fl oz/1 taza escasa) de jugo de limón
100 ml (3 ½ fl oz/½ taza escasa) de jugo de naranja
150 ml (5 fl oz/ ⅔ de taza escasa) de vinagre de manzana
20 g (¾ oz/5 cucharaditas) de azúcar extrafino
2 cucharaditas de sal
½ cucharadita de orégano mexicano
500 g (1 lb 2 oz) de cebollas moradas, en láminas finas

Necesitarás un tarro de 1 litro (34 fl oz) de capacidad

1. En una jarra, combina el jugo de limón y de naranja con el vinagre, el azúcar y la sal. Revuelve hasta que se disuelvan el azúcar y la sal. Añade el orégano y vuelve a revolver.
2. Añade unas láminas de cebolla al tarro y vierte un poco de la mezcla encima. Presiona la cebolla con una cuchara de madera para comprimirla. Añade más láminas de cebolla y líquido, y vuelve a presionarlo. Sigue así hasta que la cebolla quede bien compactada y el tarro lleno.
3. Cerciórate de que la cebolla quede sumergida y deja que repose 48 horas en el refrigerador, agitando el tarro de vez en cuando. Pasado este tiempo, estarán listas para usar, pero se conservan en el refrigerador hasta un mes.

Agua de jamaica

Las flores de jamaica son ricas en antioxidantes y vitamina C. Yo aprovecho las flores cocidas de esta receta para preparar rellenos vegetarianos para quesadillas, enchiladas o empanadas, sofriéndolas con mojo de ajo (página 49), caldillo de jitomate (página 51) y un poco de chipotles en adobo (página 82). Aunque no todas son comestibles: véase la información de la página 176.

SALEN 1,5 LITROS (53 FL OZ/6 TAZAS) DE BEBIDA Y 250 G (9 OZ) DE FLORES COCIDAS PARA USAR EN OTRAS RECETAS

100 g (3 ½ oz) de flores de jamaica
1,5 litros (53 fl oz/6 tazas) de agua
350 g (12 oz/1 ¾ taza) de azúcar extrafino

1. Lava las flores con cuidado en el lavabo para retirar restos de arena o suciedad de entre los pétalos.
2. Pon el agua en una olla grande y llévala a ebullición a fuego medio. Añade las flores y cocínalas durante 10-15 minutos, revolviendo de vez en cuando, hasta que estén suaves pero aún firmes y hayan soltado su sabor y color.
3. Retira las flores con una espumadera y consérvalas para utilizarlas en otra receta. Luego añade el azúcar a la olla y revuelve hasta que se disuelva. Deja cocer a fuego lento 10-15 minutos.
4. Deja enfriar y embotella el líquido; se conserva en el refrigerador hasta 2 semanas.

Compota de jamaica

Esta compota conserva todos los antioxidantes y vitamina C del jamaica, y es deliciosa para desayunar con *hot cakes* o avena de amaranto y coco (página 139).

SALEN 400 G (14 OZ)/ 6 RACIONES

50 g (2 oz) de flores de jamaica secas
500 ml (17 fl oz/2 tazas) de agua
1 ramita de canela
5 g (⅛ oz) de raíz de jengibre fresco, pelado y en rodajas finas
200 g (7 oz/1 taza) de azúcar gelificante
50 ml (1 ¾ fl oz/3 cucharadas) de jugo de naranja

1. Pon el agua con la canela y el jengibre en una olla mediana y llévala a ebullición a fuego fuerte.
2. Mientras, lava las flores con cuidado en el lavabo para retirar restos de arena o suciedad de entre los pétalos. Escúrrelas bien.
3. Añade las flores a la olla junto con el azúcar. Revuelve durante 5 minutos para que el azúcar se disuelva y las flores suelten el máximo de sabor y color.
4. Ahora deja cocer a fuego medio unos 30 minutos, hasta que las flores queden lustrosas y la salsa espese. Añade el jugo de naranja al final.
5. Pásalo a un bol y sirve caliente o a temperatura ambiente. Esta compota se conserva en el refrigerador durante unas semanas.

Masa de maíz para tortillas

La nixtamalización es una antigua técnica de cocina desarrollada por las culturas mesoamericanas hace más de 3.000 años. El proceso consiste en remojar el maíz seco y cocerlo en una solución alcalina para que resulte más digerible y nutritivo y a la vez eliminar impurezas. Después se muele, tradicionalmente en molinos que se encuentran en todo el país. Se consigue una consistencia perfecta de la masa, maleable para presionarla en forma de tortilla, uno de los usos más habituales de la misma (aunque es la base de todos los antojitos mexicanos, incluidos los sopes, huaraches, gorditas, etc.). Esta masa fresca es la que verás en los mercados mexicanos junto a la prensa para tortillas o en las tortillerías tradicionales.

La harina de maíz se prepara con maíz seco que ha sido nixtamalizado y luego deshidratado. Con solo añadirle agua, se hace la masa de maíz y se convierte en tortillas.

La diversidad de México ha sido la clave para el desarrollo de 100 variedades tradicionales de maíz que son deliciosas, nutritivas y endémicas de regiones concretas. El maíz blanco y amarillo son los que se encuentran más habitualmente en el país, pero mi preferido es el azul. Recuerdo tener la opción de elegir entre amarillo o azul de niño en la Ciudad de México al pedir antojitos: siempre elegía quesadilla de maíz azul, recién hecha en el comal.

Para hacer las tortillas, necesitas una prensa, una herramienta que se puede comprar por internet. Hacer y cocer las tortillas requiere cierta práctica. Hay que comprender la consistencia de la masa. Si es demasiado seca, la tortilla será seca; si es demasiado húmeda, se deshará. Las tortillas más pequeñas se emplean para los tacos; las grandes, para enchiladas y quesadillas. Las extragrandes, de 60 cm (24 in) se usan para un antojito relativamente nuevo en la Ciudad de México, los machetes, que son como quesadillas muy largas rellenas del guisado elegido.

El segundo utensilio necesario es el comal. Los mejores son de barro, pero una cacerola de hierro fundido o una sartén antiadherente de base gruesa también sirven. La tortilla perfecta se cocina con fuego bastante alto para que se hinche un poco y quede marcada con unos cuantos puntitos oscuros.

250 g (9 oz/2 ¼ tazas) de harina de maíz (blanco o azul) para masa
unos 300 ml (10 fl oz/1 ¼ tazas) de agua tibia
½ cucharadita de sal
1 cucharada de aceite vegetal

1. Pon la harina para masa en un cuenco grande.
2. En una jarra, combina el agua con la sal y revuelve para que la sal se disuelva. Añade el aceite y mezcla.
3. Haz un hueco en el centro de la harina y empieza a añadirle el agua por etapas. Añade un poco de agua, luego empieza a amasar con la mano. Sigue amasando mientras añades más agua, hasta que quede incorporada toda la harina. Sigue amasando y añadiendo agua poco a poco para familiarizarte con la consistencia de la masa. Debería ser homogénea, sin grumos, y no pegarse a la mano. Como si fuera plastilina. Si notas la masa demasiado húmeda, añade un poco más de harina. Si la masa es demasiado seca y grumosa, añade un poco de agua. Pruébala para rectificar de sal si es necesario.
4. Envuelve la masa en papel film transparente o un trapo de cocina húmedo y deja que repose 10 minutos antes de usarla.

SALEN UNAS 15 TORTILLAS PARA TACOS

1 tanda de masa para tortillas (véase arriba)

Para hacer las tortillas

1. Calienta el comal o una sartén antiadherente a fuego medio.
2. Toma 30 g (1 oz) de masa. Forma una bola y luego ponla en la prensa para tortillas entre dos láminas de plástico. Cierra la prensa y presiona. Obtendrás un disco de 10 cm (4 in), o una tortilla taquera, la más común en los puestos de calle de la Ciudad de México.
3. Pon el disco de masa en el comal o sartén y cocínalo durante 1 minuto o hasta que las orillas empiecen a secarse. Dale la vuelta y cocínalo un par de minutos, hasta que aparezcan manchas oscuras en la superficie y se hinche un poco. La primera tortilla te ayudará a probar la temperatura de la sartén. Ajústala según convenga. Una vez cocidas, coloca las tortillas dentro de un trapo de cocina doblado para mantenerlas calientes y sigue con el resto de la masa.
4. Puedes hacerlas más grandes, claro, usando más masa; las de 15 cm (6 in) son las que suelen vender por kilos en las tortillerías. Este es el tamaño más tradicional, y se sirven para comer o cenar con los guisados tradicionales.

SALEN UNOS 30 SOPES

1 tanda de masa para tortillas (véase arriba)

Para hacer los sopes

Forma bolas de 20 g (¾ oz) de masa con las manos. Con una prensa para tortillas, conviértelas en discos de 8 cm (3 ¼ in) y 0,5 cm (¼ in) de grosor. Cocínalos en el comal o sartén caliente un minuto por cada lado. Deben quedar algo crudos. Retíralos del comal o la sartén y, aún calientes, pellizca los márgenes con el pulgar y el índice para formar pequeños cuencos.

CONSEJO: Para recalentar las tortillas compradas, unta cada lado con un poco de aceite y fríelas en la sartén 30 segundos por cada lado. La grasa siempre lo mejora todo, y las tortillas no son una excepción. Además, potenciará el sabor del maíz al caramelizar la superficie. Los taqueros mojan las tortillas en aceite, grasa derretida o aceite de chorizo de la plancha antes de recalentarlas. Envuélvelas en un trapo de cocina doblado y sírvelas enseguida.

Masa de maíz para tamales salados

Mi primer recuerdo de los tamales es del kinder, cuando mi madre compraba tamales para comer a la vendedora de la esquina de camino al colegio. Me decepcionaba cuando la vendedora no estaba porque eso quería decir que mi comida quedaba incompleta. Para los mexicanos, los tamales no son solo comida de calle: forman parte de nuestro patrimonio y tienen que ver con las celebraciones familiares como los cumpleaños, y las fiestas nacionales como el Día de la Candelaria.

Recuerdo los preparativos para estas celebraciones: la abuela Carmela, todo el día de pie junto a la mesa de la cocina, rellenando y doblando tamales de manera tradicional con hojas de maíz, y el irresistible olor a masa y mole. Los mejores tamales de mi abuela estaban rellenos de pollo con mole, pero envueltos en hojas de acelga en lugar de maíz. Las hojas de acelga y el relleno se cocían al mismo tiempo, de modo que el tamal estaba listo al salir de la vaporera y no hacía falta dejarlo reposar como los envueltos en hojas de maíz.

Los tamales se rellenan con carne de cerdo y de pollo, pero también con rellenos vegetales, como rajas de poblano, calabaza o frijoles negros. Mención especial merecen los tamales dulces dc la Ciudad de México; los más populares, los de fresa y piña. Espero que disfrutes de mi receta de tamales de jamaica (página 124) y perfecciones la técnica mientras los preparas con rellenos dulces y salados.

Parte esencial de los tamales es la salsa o el adobo: es tradicional la salsa verde para los de cerdo y el mole para los de pollo. Creo que estos son los tamales favoritos de los chilangos.

SALEN 12

325 g (11 ½ oz/3 tazas) de harina de maíz para masa
1 cucharadita de levadura en polvo
unos 450 ml (15 fl oz/1 ¼ tazas) de agua tibia
8 g (⅓ oz) de sal
190 g (6 ¾ oz) de grasa de ganso o manteca, derretida y tibia

1. Pon la harina para masa en un cuenco grande. Añade la levadura y mézclalas.
2. Combina el agua con la sal en una jarra y revuelve hasta que la sal se disuelva.
3. Haz un hueco en el centro de la harina. Empieza añadiendo la grasa, luego amasa con la mano, añadiendo el agua poco a poco. Sigue amasando hasta que la masa adquiera una consistencia suave y sin grumos. Debe quedar suave y algo pegajosa. Trabájala bien, durante al menos 7 minutos, hasta que la notes ligera y moldeable. Puedes hacerlo con una batidora o, idealmente, una mezcladora térmica. Prueba y rectifica de sal.
4. Envuelve la masa en papel film transparente o un trapo de cocina húmedo y deja que repose 10 minutos antes de usarla.

SALEN 12

12 hojas grandes de maíz secas (véase Consejo)
820 g (1 lb 12 oz) de masa para tamales (véase izquierda)
360 g (12 ¾ oz) de carne de pollo o cerdo cocida o carne estofada
360 ml (12 fl oz/1 ½ taza escasa) de salsa verde (página 88), salsa roja (página 78) o mole de preferencia

Para hacer los tamales

1. Añade las hojas de maíz a una olla grande de agua hirviendo y deja que se ablanden durante 30 minutos.
2. Llena el fondo de una olla de cocción al vapor con 5 cm de agua y llévala a ebullición.
3. Para preparar el tamal, pon 65 g (2 ¼ oz) de masa en el centro de una de las hojas ablandadas. Extiende la masa y dispón 30 g (1 oz) de carne en el centro, y luego añade 2 cucharadas de salsa. Dobla los bordes de la masa sobre el relleno formando un cilindro. Mete los extremos del cilindro hacia dentro y átalos con un hilo de la hoja o un trozo de cuerda. Si la hoja de maíz no es lo bastante larga, ata los extremos como si fuera un caramelo. Repite con el resto de los ingredientes para elaborar 12 tamales.
4. Cocina los tamales al vapor durante 25 minutos, luego apaga el fuego y déjalos en la vaporera 25 minutos más. Desenvuélvelos y sirve los tamales en las hojas, pero no comas las hojas, úsalas solo como platos y deséchalas.

CONSEJO: Si las hojas de maíz no son lo bastante grandes, puedes usar dos para cada tamal.

Tortillas de harina (trigo)

El trigo no es autóctono de México. Fue introducido con la colonización, pero ahora se cultiva ampliamente y se usa para hacer tortillas, empanadas, teleras, bolillos, buñuelos y pan dulce. Las tortillas de maíz se prensan para usarlas, dada su falta de gluten, pero las de trigo se extienden. Suelen prepararse con manteca, pero a mí me parece que la grasa de ganso, que se derrite a mayor temperatura que la manteca, les aporta una textura más suave y mejor sabor. Enrollar una tortilla tiene truco. Es importante darle la vuelta con cada pliegue para que se estire por ambas caras. Cocínalas enseguida porque se secarán rápido y empezarán a quebrarse.

Guardo gratos recuerdos de las visitas a mi abuela Josefina cuando era niño. Cocinaba tortillas integrales recién hechas para desayunar con huevos a la mexicana los sábados, para mi padre, mi primo Armando y yo. La ilusión de un tragón.

SALEN 6 TORTILLAS

420 g (14 ¾ oz/3 ¾ tazas escasas) de harina, y más para amasar
⅛ cucharadita de levadura en polvo
1 cucharadita de sal
70 g (2 ½ oz) de grasa de ganso, derretida
unos 200 ml (7 fl oz/1 taza escasa) de agua caliente

1. Añade la harina, levadura y sal a un bol. Mézclalo todo.
2. Haz un hueco en el centro de la harina. Añade la grasa y empieza a amasar con la mano, añadiendo el agua poco a poco. Continúa amasando hasta obtener una pasta suave. Deja reposar 5 minutos para que la harina absorba el líquido.
3. Luego, trabájala 10 minutos más hasta que la notes elástica. Este paso es importante porque permitirá estirarla bien. Envuelve la masa en papel film transparente y déjala reposar 1 hora.
4. Divide la masa en 6 partes. Forma una bola con cada una y resérvalas, tapadas. Espolvorea la encimera de la cocina con harina. Aplana las bolas en forma de discos y extiéndelos bien finos. Empieza a estirarlos desde el centro, hacia fuera primero y hacia ti después. Levántalos y voltéalos, dando un cuarto de vuelta a la masa, y sigue estirando. Usa más harina si hace falta. Continúa estirándolos y volteándolos hasta obtener discos finos de 30 cm (12 in) de diámetro.
5. Calienta una sartén grande a fuego medio-alto. Añade la primera tortilla a la sartén y cocínala alrededor de 1 minuto y medio. Se formarán burbujitas en los bordes y luego en el centro. Dale la vuelta y cocínala por el otro lado durante un minuto. La tortilla debe quedar flexible y blanda. Si se endurece es que está demasiado cocida. Mantenla caliente envuelta en un trapo de cocina, y sigue preparando el resto de las tortillas.

Telera

Es un pan tradicional para preparar tortas, bocadillos mexicanos fríos o calientes. Los preparan en las panaderías de madrugada y su suave textura facilita dar bocados al generoso relleno de las tortas o pambazos. Al estirar la masa, debes hacerlo adecuadamente. Al estirarla bien y marcarla con las líneas paralelas se consigue un pan plano en lugar de un bollo hinchado.

Hay una tortería en la Ciudad de México que lleva siendo la preferida de mi familia desde hace años: El Rey del Pavo, en el centro histórico. Venden tortas desde hace más de 110 años, de modo que algo sabrán sobre este tipo de pan.

SALEN UNAS 10 TELERAS

500 g (1 lb 2 oz/3 ½ tazas) de harina panificable
30 g (1 oz/2 ½ cucharadas) de azúcar
2 cucharaditas de levadura activa
40 ml (1 ¼ fl oz/3 cucharadas) de leche, a temperatura ambiente
250 ml (8 ½ fl oz/1 taza) de agua caliente
25 ml (1 oz/2 ½ cucharadas) de aceite de oliva
1 cucharadita de sal

1. En un bol grande, mezcla la harina con el azúcar y la levadura.
2. En una jarra, combina la leche con el agua y el aceite de oliva. Incorpora el líquido a la harina, mezclando con la mano hasta que la masa forme una bola. Cubre la masa y déjala reposar 5 minutos para que la harina absorba el líquido. Añade la sal y trabaja la masa durante 10 minutos hasta que quede suave y elástica. Si usas una batidora o amasadora, prográmala a velocidad lenta durante 6 minutos.
3. Pon la masa en un bol untado con aceite, cúbrela con papel film y deja que repose hasta que doble su tamaño. Tardará entre 1 y 2 horas, en función de la temperatura ambiente.
4. Divide la masa en 10 trozos (de unos 75 g/2 ½ oz cada uno). Presiona cada trozo con la palma de la mano y dobla los márgenes hacia el centro para formar una bolita. Dale la vuelta y muévela en sentido circular dentro de la mano mientras le aplicas cierta presión. Dispón las bolitas, con la parte redondeada arriba, sobre una bandeja de horno forrada con papel vegetal. Cúbrelas y déjalas fermentar 15 minutos.
5. Para dar forma a los panes, allana cada bola con la palma de la mano y con el rodillo, presiónalas un poco para darles forma de barrita ovalada de 12 cm (4 ¾ in). Haz rotar la masa para que quede apaisada ante ti. Marca la masa a lo largo con el extremo grueso de un palillo chino o el mango de una espátula fina, más o menos señalando un tercio. Presiona de modo que quede la hendidura. Practica otra marca, paralela a la primera, señalando dos tercios de la anchura. Las dos líneas recorrerán la forma ovalada longitudinalmente.
6. Coloca de nuevo los panes sobre la bandeja, cúbrelos y deja que leuden unos 40 minutos, hasta que doblen su tamaño.
7. Mientras, precalienta el horno a 190 °C/170 °C con ventilador/375 °F/gas 5. Hornea por espacio de 15-20 minutos hasta que se doren y se inflen.

Arroz a la mexicana

«A la mexicana» se refiere a un plato con los colores de la bandera de México: principalmente, verde y rojo. El arroz a la mexicana es un plato típico que sale a la mesa con todas las comidas: arroz rojo, colorido y aromático, con zanahoria y chícharos, mezclados o como decoración por encima. A mí me gusta añadirle granos de elote, a veces incluso se le añaden papas.

4 RACIONES

250 g (9 oz/1 ¼ taza) de arroz basmati
4 cucharadas de aceite vegetal
2 dientes de ajo, pelados y picados
250 g (9 oz) de caldillo de jitomate (página 51)
½ cucharadita de sal
unos 250 ml (8 ½ fl oz/1 cup) de caldo de verduras (página 72)
60 g (2 oz) de zanahoria, en dados y escaldada
60 g (2 oz) de chícharos, escaldados
60 g (2 oz) de granos de elote, escaldados

1. Aclara el arroz hasta que el agua salga limpia. Escúrrelo bien y reserva.
2. Calienta el aceite en una cacerola grande a fuego bajo, luego añade el ajo y sofríelo 1 minuto o hasta que adquiera color, con cuidado para que no se queme. Añade el arroz y sofríelo un par de minutos hasta que quede translúcido, sin dejar de remover. El aceite debe impregnar todos los granos de arroz.
3. Añade el caldillo de jitomate y lleva la mezcla a ebullición. Échale la sal y 200 ml (7 fl oz/1 taza escasa) del caldo de verduras. Deja cocer unos 20 minutos, tapado, vigilándolo. Si parece necesitar más caldo, añádele un poco. Cinco minutos antes del fin del tiempo de cocción, incorpora los vegetales.
4. Cuando se haya absorbido todo el líquido y el arroz esté cocido, apaga el fuego y déjalo reposar, tapado, 5 minutos. Airéalo removiéndolo con un tenedor y sirve.

Totopos

Los totopos normalmente se fríen, pero yo prefiero la alternativa más saludable de tostarlos al horno. Puedes seguir la receta de tortillas (página 57) o comprar tortillas de calidad. Sirve los totopos con tu salsa preferida o con queso fundido (página 181), o como chilaquiles, condimentados con salsa verde, salsa roja o incluso mole.

SALEN UNOS 300 G (10 OZ)

16 tortillas (12 cm/4 ½ in o 15 cm/6 in de diámetro)
2-3 cucharadas de aceite de pepita de uva o vegetal
sal marina fina

1. Precalienta el horno a 170 °C/ 150 °C con ventilador/ 340 °F/gas ¾ y forra una bandeja de horno con papel vegetal.
2. Pinta las tortillas con el aceite y sazónalas. Córtalas en cuartos con un cuchillo afilado y esparce los trozos sobre la bandeja.
3. Hornéalas 20-25 minutos, dándoles la vuelta a media cocción. Apaga el horno y deja la puerta entreabierta para que salga el vapor. Deja enfriar los totopos en el horno 30 minutos.

Crema

De niño, uno de mis mejores recuerdos de las visitas a los tianguis (mercados de agricultores) con mi madre o mi abuela es la recompensa en forma de tostada que recibía al terminar las compras, con crema y queso fresco. La crema mexicana es ligeramente agria. Esta receta es fácil y se acerca mucho al sabor original. Es ideal para añadir a los tacos o tostadas, o usarla para cocinar.

SALEN 600 G (1 LB 5 OZ)

500 ml (17 fl oz/2 tazas) de crema para montar
125 ml (4 fl oz/ ½ taza) de suero de leche

1. Añade la crema y el suero de leche a un bol no reactivo y mézclalos bien. Dispón el bol sobre una olla con agua hirviendo y remueve hasta que la mezcla alcance unos 37 °C (98 °F), la temperatura corporal.
2. Cubre con papel film transparente y deja a temperatura ambiente toda la noche. La mezcla espesará y adquirirá un ligero sabor agrio. Se conserva en el refrigerador hasta 1 semana.

Queso fresco

El queso fresco es un queso blanco grumoso de sabor suave. Se ablanda con el calor de los chiles o salsas y aporta cremosidad. Lo usamos en muchos platos, y es un ingrediente básico de muchos antojitos mexicanos, como sopes, huaraches, flautas, tostadas, etc. Para prepararlo, limpia escrupulosamente todos los utensilios de cocina y aclaralos con agua hirviendo. Las bacterias no deseadas pueden estropear el queso. Envolverlo con hojas secas de aguacate le da un sutil aroma y sabor anisados.

Esta receta la compartió conmigo Kristen Schnepp, propietaria de un negocio de lácteos en el barrio Peckham, de Londres, que durante años vendió una selección de quesos Chihuahua, Oaxaca y, claro, frescos.

SALEN UNOS 350 G (12 OZ)

2 litros (70 fl oz/8 tazas) de leche entera
4 cucharadas de jugo de limón
¼ cucharadita de cuajo vegetal
½ cucharadita de escamas de sal sin yodo
8 hojas de aguacate secas, remojadas en agua caliente 10 minutos

1. Vierte la mitad de la leche en un bol grande. Añade el jugo de limón, remueve y deja reposar 15 minutos para que cuaje.
2. Llena una olla mediana con agua y llévala a ebullición, luego baja el fuego. Retira ½ cucharadita del agua hervida y déjala enfriar en una tacita.
3. En un cuenco grande resistente al calor, combina la leche cuajada con el resto de la leche. Coloca el bol sobre el agua hirviendo, a modo de baño maría. La base del bol no debe tocar el agua.
4. Calienta la mezcla de leche hasta que el termómetro digital señale que alcanza 40 °C (104 °F) (tardará unos 20-25 minutos), luego retira el bol del calor.
5. Incorpora el cuajo vegetal a la cucharadita de agua hervida, luego vierte la mezcla en la leche caliente. Remueve suavemente durante 20 segundos. La mezcla cuajará. Cubre el bol con papel film transparente y deja reposar 1 hora.
6. Pasada la hora, lleva la olla de nuevo a ebullición. Retira el papel film del bol y vuelve a colocarlo al baño maría. Comprueba la temperatura cada 3 minutos. Cuando alcance 40 °C (104 °F), que será al cabo de unos 10 minutos, mantenlo a la misma temperatura durante 15 minutos, retirando la olla del fuego si se calienta demasiado. El calor reforzará la cuajada.
7. Con un cucharón, pasa la cuajada a un colador forrado con una tela de muselina. Enróllala y presiona con cuidado, y luego ata los extremos de la tela y cuélgala del grifo para que escurra. Déjala así 45 minutos.
8. Después, dispón el paquete de muselina en un bol. Abre la tela y mezcla la sal con el contenido. La sal extraerá más líquido del queso. Vuelve a atar la tela y cuélgala otros 30 minutos.
9. El queso fresco ya está listo. Guárdalo entre dos capas de hojas de aguacate y envuelto en papel film. Se conserva en el refrigerador hasta 1 semana. Pasado este tiempo, seguirá estando bueno, pero sabrá más fuerte.

Frijoles negros con hojas de aguacate

Los frijoles y el arroz a la mexicana (página 64) son acompañamientos clásicos para la mayoría de guisados caseros. El secreto para los frijoles consiste en cocinarlos a fuego fuerte los primeros 10 minutos para retirar las impurezas que asomarán a la superficie, y luego cocerlas a fuego lento durante al menos 2 horas. Las hojas de aguacate, como el alga kombu, facilitan la digestión de los frijoles. Las hojas pueden tostarse unos segundos por cada lado para potenciar su sabor anisado. La versión triturada de estos frijoles negros puede convertirse en el refrito de frijoles negros (página 71).

SALE 1,8 KG (3 LB 15 OZ)

500 g (1 lb 2 oz) de frijoles negros secos
2,2 litros (74 fl oz/8 ¾ tazas) de agua
6-8 hojas de aguacate secas, según su tamaño
1 cebolla, en cuartos
4 dientes de ajo, pelados
2 cucharadas de aceite vegetal
10 g (½ oz/2 cucharaditas) de sal marina fina

1. Deja los frijoles en remojo toda la noche. La mañana siguiente, acláralos y escúrrelos dos veces.
2. Para cocinarlos, añádelos a una olla o cacerola grande. Cúbrelos con el agua fría y llévalos a ebullición. Hiérvelos 10 minutos, retirando la espuma que se forma en la superficie.
3. Mientras, tuesta las hojas de aguacate en una sartén sin grasa a fuego medio durante 10 segundos por cada lado.
4. En el procesador de alimentos, tritura la cebolla con los dientes de ajo y el aceite. Añade esta mezcla a los frijoles, junto con las hojas de aguacate. Baja el fuego para mantener un hervor mínimo y deja cocer durante 2 horas –entre más, mejor– hasta que los frijoles queden tiernos y el líquido espeso. Revuelve con frecuencia para que los frijoles no se peguen. Si se secan, añade agua durante la cocción y rectifica de sal. Añade la sal marina fina al final y prueba y rectifica de nuevo.
5. Retira las hojas de aguacate y deja enfriar.

Frijoles bayos

En México se cultivan unas 70 variedades de frijoles. Dependiendo de la región, la altitud o los minerales del suelo, los frijoles adquieren moteados distintos y colores más intensos. Los frijoles negros y pintos son las que más se exportan. Los frijoles bayos, o frijoles pintos en referencia a sus manchitas, se emplean para refritos por su textura cremosa. Los mexicanos cuecen los frijoles en olla a presión, una manera de reducir el tiempo de cocción de unas 2-3 horas a solo 30 minutos.

SALE 1,8 KG (3 LB 15 OZ)

500 g (1 lb 2 oz) de frijoles bayos
2,5 litros (85 fl oz/10 tazas) de agua
1 cebolla, en cuartos
4 dientes de ajo, pelados
2 cucharadas de aceite de pepita de uva o vegetal
6 hojas grandes de laurel
10 g (¼ oz/2 cucharaditas) de sal marina fina

1. Deja los frijoles en remojo toda la noche. La mañana siguiente, aclváralos y escúrrelos dos veces.
2. Añade los frijoles escurridos a una olla grande. Cúbrelos con los 2,5 litros (85 fl oz/10 tazas) de agua fría y llévalos a ebullición a fuego fuerte. Hiérvelos 10 minutos, retirando la espuma que se forma en la superficie.
3. Mientras, en el procesador de alimentos, tritura la cebolla con los dientes de ajo y el aceite. Añade esta mezcla a los frijoles, junto con las hojas de laurel. Baja el fuego para mantener un hervor mínimo y deja cocer durante 2 horas –entre más, mejor– hasta que los frijoles queden tiernos y el líquido espeso. Las frijoles bayos absorben más agua que los negros; añade más agua durante la cocción si es necesario. Revuelve a menudo para que nada se pegue. Sazona al final y prueba y rectifica de sal. Deja enfriar y retira las hojas de laurel.
4. Los frijoles se conservan en el refrigerador hasta 1 semana y en el congelador hasta 6 meses.

NOTA: Esta receta sirve para comer los frijoles cocidos tal cual con su jugo, pero también se pueden reducir y preparar en refrito con mojo de ajo (página 49) para una receta vegetariana con pico de gallo (página 133) y queso fresco (página 67) de acompañamiento.

Frijoles refritos

De las primeras veces que recuerdo haber comido este delicioso plato fue en el estado de Puebla, cerca de Atlixco. Aprendí que el secreto de un buen refrito era una grasa de calidad (normalmente manteca) con un toque opcional de chile –no para añadir picante sino para conferir un delicado sabor y potenciar el plato. ¡Recuerda que ya me gustaba mucho comer desde los cinco años de edad!

Los frijoles refritos saben mucho mejor recién hechos, por lo que ayuda disponer de frijoles bayos cocidos siempre para freírlos conforme los necesitas.

SALEN 800 G (1 LB 12 OZ)/4 RACIONES

½ tanda de frijoles bayos de calidad (véase izquierda)
25 g (1 oz) de grasa de ganso
1 cucharadita de adobo de guajillo (página 89)
¼ cucharadita de sal marina

1. Pon la mitad de los frijoles con un poco de su jugo en el vaso del procesador de alimentos. Tritúralos y añade más líquido si hace falta, hasta que la mezcla presente la consistencia de una pasta ligera.
2. Pon una sartén a fuego medio y añade la grasa de ganso. Cuando esté caliente, añade el adobo de guajillo y remueve. Incorpora la pasta de frijoles, junto con el resto de los frijoles bayos, y fríelo unos 10 minutos, revolviendo constantemente con una cuchara de madera. A mí me gusta notar cierta textura, por eso dejo enteros algunos frijoles. Al revolver constantemente se van aplastando y van absorbiendo el sabor del guajillo y la grasa de ganso.
3. Sazona y saborea enseguida, con queso fresco (página 67) por encima y acompañado de totopos (página 65). La excelencia de la simplicidad.

Refrito de frijoles negros con aguacate

Me encanta sofreír los frijoles negros con un poco de mojo de ajo y añadirles puré de chipotle en adobo. Se acentúa su sabor y aporta un fondo ahumado y especiado. Puedes usar este refrito como salsa para remojar, para preparar tostadas o para molletes con pico de gallo (página 133).

SALEN 900 G (2 LB)

½ tanda de frijoles negros con hojas de aguacate (página 68)
30 g (1 oz) de mojo de ajo (página 49)
20 g (¾ oz) de puré de chipotle en adobo (página 82)
¼ de cucharadita de sal marina

1. Pon los frijoles con un poco de su jugo en el vaso del procesador de alimentos. Tritúralos y añade más líquido si hace falta. La mezcla debe tener la consistencia de una pasta ligera.
2. Calienta el mojo de ajo en una sartén. Añade la pasta de frijoles y fríela 10 minutos, revolviendo de vez en cuando. Añade el puré de chipotle y revuelve, luego sazona.
3. Usa enseguida o deja enfriar. Se conserva en el refrigerador hasta 5 días.

Caldo de pollo

SALEN 1,7 LITROS (60 FL OZ/6 ¾ TAZAS)

1 pollo
2,5 litros (85 fl oz/10 tazas) de agua fría
2 cebollas, partidas por la mitad
1 cabeza de ajos, con piel, por la mitad
un trozo de raíz de jengibre de 3 cm (1 ¼ in), pelado y en rodajas
200 g (7 oz) de zanahorias, cepilladas y troceadas
3 hojas de laurel
3 ramitas de tomillo
15 g (½ oz) de cilantro
¾ de cucharadita de sal

1. Pon el pollo en una olla lo bastante grande para que quepa holgado y cúbrelo con el agua. A fuego bajo o medio, llévalo a un suave hervor, retirando la espuma que se forme en la superficie.
2. Añade el resto de los ingredientes y deja hervir suavemente durante 1 hora, dando la vuelta al pollo a mitad de cocción. Retira el pollo del caldo y reserva, tapado, para que se temple (véase Consejo).
3. A fuego fuerte, deja reducir el caldo 20-30 minutos para que los sabores se concentren. Cuela y reserva hasta su uso. El caldo se conserva en el refrigerador hasta 4 días y en el congelador hasta 6 meses.

CONSEJO: Cuando el pollo esté templado y no queme al tocarlo, desmenuza la carne. Puedes aprovecharlo para una receta al momento o conservarlo en el refrigerador hasta 3 días.

Caldo de verduras

SALEN 800 ML (28 FL OZ/3 ¼ TAZAS)

2 cebollas, partidas por la mitad
1 cabeza de ajos, con piel, por la mitad
un trozo de raíz de jengibre de 3 cm (1 ¼ in), pelado y en rodajas
200 g (7 oz) de zanahorias, cepilladas y troceadas
3 hojas de laurel
3 ramitas de tomillo
15 g (½ oz) de cilantro
½ cucharadita de sal
1,5 litros (53 fl oz/6 tazas) de agua

1. Añade todos los ingredientes a una olla de 2 litros (70 fl oz) de capacidad a fuego medio-alto. Lleva a ebullición, luego baja el fuego a medio o bajo y deja cocer 45 minutos.
2. Cuela y reserva el caldo hasta su uso. Se conserva en el refrigerador hasta 4 días y en el congelador hasta 6 meses.

Lacón ahumado

A mí me gusta el sabor a jamón ahumado, pero si a ti no, usa lacón sin ahumar. También puedes optar por dientes de ajo no ahumados.

SALEN 400 G (14 OZ)

1 lacón ahumado de 1 kg (2 lb 3 oz)
½ cebolla
3 dientes de ajo ahumados
5 chiles morita
3 hojas de laurel

1. Añade el lacón a un bol grande u olla con agua y deja en remojo durante al menos 3 horas. Cambia el agua dos veces a lo largo del tiempo de remojo.
2. Retira el lacón del agua, acláralo bajo el grifo y añádelo a una olla grande. Cúbrelo con agua fría de modo que quede sumergido. Pon la olla a fuego fuerte y lleva a ebullición, retirando la espuma que se forme en la superficie.
3. Reduce el fuego a medio-bajo, añade el resto de los ingredientes y cuece a fuego lento durante 2 horas, hasta que la carne quede tierna y se deprenda del hueso con facilidad.
4. Retira la olla del fuego y deja enfriar la carne en el jugo de cocción. Cuando ya se pueda manipular, pero aún esté caliente, sácala de la olla. Retira la piel y la grasa, y deshuesa y desmenuza la carne. Ya está lista para usarla, pero si quieres conservarla, ponla en un recipiente hermético con un poco del caldo para mantenerla húmeda. Se conserva en el refrigerador hasta 1 semana y en el congelador hasta 6 meses.

MARINADOS, ADOBOS Y SALSAS

Los chiles son uno de los pilares de la gastronomía mexicana. Se utilizan para acentuar los sabores de un plato. No deben dominar sobre el resto de los ingredientes, ya sean hierbas culinarias, especias vegetales o una buena pieza de carne o pescado. Estas salsas, adobos y marinados se preparan con algunos de mis chiles preferidos. Les doy diversidad de usos y los combino con multitud de ingredientes británicos que me encantan. Por ejemplo, en la mayonesa de jalapeño para las tostadas de cangrejo capturado en Cornwall o el adobo para barbacoa para cocer carne de venado procedente de la granja familiar West Country, cuyos productos se cuentan entre mis favoritos en este país. Estas salsas se emplean para las recetas del presente libro, pero te animo a utilizarlas con otros platos de carne, pescado o verduras. Tanto si les echas salsa macha a los huevos con tostadas como si añades cátsup de betabel y chiles pasilla mixe a la hamburguesa, estos sabores llevarán México a tu plato.

Salsa roja cruda, salsa roja cocida

Este es un buen ejemplo de la enorme variedad de salsas de la cocina mexicana. Se consiguen diferentes sabores y texturas a partir de una receta básica. La palabra *crudo*, además de no cocinado, coloquialmente significa resacoso. «Estoy bien crudo» significa «Llevo una buena resaca».

La salsa roja cruda combina tomate crudo con otros ingredientes sin cocer como ajo, cebolla, chile y hierbas. La salsa cruda, poco picante, es prácticamente una ensalada líquida. Suele servirse con antojitos mexicanos fritos, como tacos dorados, flautas o pescadillas.

La salsa roja cocida se prepara tradicionalmente cociendo los ingredientes a la plancha. El sabor ahumado de la cebolla, ajo y chile asados en el comal son perfectos con el tomate a la plancha. También propongo una versión más rápida de la salsa que no precisa plancha.

La salsa de habanero de molcajete es una salsa roja más picante, elaborada con chiles habaneros (scotch bonnet). Puedes usar el procesador de alimentos como opción práctica para la receta de salsa cruda, pero cuando los ingredientes son asados, yo prefiero molerlos en un molcajete, el típico mortero mexicano. El molcajete y mano, llamada tejolote, se fabrican con piedra volcánica de basalto. El grano de esta roca produce una textura singular.

Como sea que las prepares, estas salsas son deliciosas con totopos o para acompañar antojitos.

SALEN 480 G (1 LB 1 OZ)

1 cebolla morada, en cuartos
4 dientes de ajo
1 chile serrano o jalapeño
5 jitomates maduros, troceados
½ cucharadita de sal
jugo de ¼ de limón
5 g (¼ oz) de hojas de cilantro, picadas

Para la salsa roja cruda

Pon todos los ingredientes excepto el limón y el cilantro en el vaso de la licuadora o el procesador de alimentos, y tritura hasta obtener la textura de una salsa líquida. Añade un poco de agua si es necesario. Si prefieres una textura con tropezones, tritura con unas pulsaciones en lugar de batir seguido. Pasa la salsa a un bol e incorpora el limón y el cilantro. Prueba y rectifica de sal.

Para la salsa roja cocida

Para mí, la mejor es la que se hace con todos los ingredientes asados. Añade los jitomates, cebolla, ajo y chile al comal o plancha de base gruesa a fuego medio, y ásalos 20 minutos hasta que queden tiernos. Deben cocinarse bien, pero hay que vigilar para que no se quemen, al cocerse a ritmo diferente según su tamaño. Otra opción es asar los vegetales en el horno precalentado a 200 °C/180 °C con ventilador/400 °F/gas 6, durante 30-40 minutos. No se tostarán tanto, pero se asarán y quedarán blandos igual. Retíralos del comal o el horno y deja enfriar. Pasa los ingredientes al molcajete (o procesador de alimentos) y muélelos (o tritúralos) hasta conseguir la textura fluida deseada (añade agua si hace falta). Pasa la salsa a un bol e incorpora el limón y el cilantro. Prueba y rectifica de sal.

De salsa roja cruda a salsa roja cocida rápida

Si vas a convertir la salsa cruda en salsa roja cocida, te recomiendo que añadas el cilantro al final, cuando la salsa enfríe, para evitar que se cueza y oscurezca. Calienta 2 cucharadas de aceite vegetal en una sartén. Añade la salsa roja cruda y cocínala unos minutos hasta que adquiera un tono rojo oscuro. No dejes que reduzca demasiado. Esta salsa rápida es ideal para los chilaquiles.

NOTA: Si adquieres un molcajete nuevo, deberás curarlo para evitar arenilla de basalto en tus salsas. Es un procedimiento sencillo: machaca un puñadito de arroz hasta pulverizarlo, procurando utilizar toda la superficie interior del molcajete. Repite el procedimiento unas cuantas veces para rellenar posibles grietas del mortero. Con el tiempo, el ajo, chiles y especias que tritures en el molcajete lo irán curtiendo y condimentarán los alimentos que prepares con él.

Salsa macha de habanero y semillas de calabaza

La salsa macha tradicional lleva aceite, chiles secos y frutos secos (normalmente cacahuates). Los cocineros mexicanos son inventivos, de modo que existen muchas variaciones de la misma, pero todas dan importancia al chile y a las diversas texturas y sabores de los frutos secos, semillas y especias. La salsa macha es buena para aderezar ensaladas y también resulta deliciosa con pescado, carne u hortalizas, crudos o a la plancha. A mí me gusta el sabor picante del habanero en esta versión, que también es la base para mi salsa *sikil pak* (página 98).

SALEN UNOS 160 G (6 OZ)

- 40 g (1 ½ oz/¼ de taza) de semillas de calabaza
- 10 g (½ oz/1 cucharada) de ajonjolí
- 1 cucharada de vinagre balsámico
- 1 cucharada de mojo de ajo (página 49)
- ½ cucharadita de sal
- 1 cucharada de jugo de limón
- 2 cucharadas de jugo de naranja
- 6 chiles habaneros secos, molidos
- 60 ml (2 fl oz/¼ de taza) de aceite de oliva virgen extra

1. Tuesta las semillas de calabaza en una sartén a fuego bajo-medio un par de minutos hasta que empiecen a saltar y se doren ligeramente. Reserva y deja enfriar. En la misma sartén, tuesta las ajonjolí unos minutos hasta que se doren y reserva.
2. En un bol, mezcla bien el vinagre con el mojo de ajo, la sal y los jugos de limón y naranja. Poco a poco incorpora el aceite y luego añade las semillas de calabaza, el polvo de chile habanero y el ajonjolí.
3. La salsa se conserva en un recipiente de cristal en el refrigerador durante un par de semanas. Consúmela a temperatura ambiente.

Salsa roja de molcajete

Los chiles secos o ahumados, como el ancho o el chipotle (y sus variantes, como el meco o el morita), también sirven para esta salsa, igual que los guajillo. Te animo a probar con distintas variedades hasta dar con tu combinación predilecta. Si usas chiles secos, tuéstalos en el comal o una sartén antiadherente de base gruesa para que se ablanden. Presiónalos con una espátula mientras y dales la vuelta unas cuantas veces para distribuir el calor. Vigila que no se quemen porque darían un sabor amargo a la salsa o adobo. Añade los chiles tostados a un bol, cúbrelos con agua y deja que se rehidraten y se ablanden durante al menos 1 hora antes de mezclarlos con el resto de los ingredientes para hacer la salsa.

SALEN UNOS 350 G (12 OZ)

4 jitomates de pera maduros
1 cebolla morada, en cuartos
4 dientes de ajo
2-3 chiles jalapeños
½ cucharadita de sal
5 g (¼ oz) de hojas de cilantro, picadas
jugo de ½ de limón

1. Añade los jitomates, cebolla, ajo y chile al comal o plancha de base gruesa a fuego medio-alto, y ásalos 25-30 minutos hasta que queden tiernos. Otra opción es asar los vegetales en el horno precalentado a 200 °C/180 °C con ventilador/400 °F/gas 6, durante 40 minutos. No se tostarán tanto, pero se asarán y quedarán blandos igual.
2. Retíralos del comal o el horno y deja enfriar. Una vez fríos, pasa los ingredientes al molcajete (o procesador de alimentos) y muélelos (o tritúralos) hasta conseguir una textura fluida pero con tropezones –añade agua si hace falta. Sazona, añade el cilantro y el jugo de limón, y remueve con una espátula o cuchara.
3. Sirve con totopos (página 65) o para acompañar tacos.

Salsa de habanero de molcajete

Para esta salsa, una versión más picante de la salsa roja, sustituye el jalapeño por 1-2 chiles habaneros (o scotch bonnet) frescos.

Chipotles en adobo caseros

Los chiles chipotle se elaboran a partir de jalapeños rojos maduros. Se secan al sol y se ahúman ligeramente. Se encuentran en diferentes variedades, aquí utilizo los chiles chipotle morita, un chipotle suavemente ahumado, pero admito que los meco son mis preferidos por la intensidad del ahumado. Cualquiera de los dos sirve. El piloncillo es básicamente azúcar de caña mexicano, pero si no tienes, utiliza azúcar moreno o mascabado.

SALEN 865 G (1 LB 14 ½ OZ)

- 700 ml (24 fl oz/3 tazas escasas) de agua
- 100 g (3 ½ oz) de chiles chipotle morita secos
- 3 hojas de laurel
- 150 g (5 oz) de sofrito de cebolla (página 50)
- 150 ml (5 fl oz/⅔ taza escasa) de vinagre de manzana
- 4 dientes de ajo ahumados, pelados
- 4 dientes de ajo negro, pelados
- 70 g (2 ½ oz/⅓ taza) de piloncillo o azúcar moreno o mascabado
- 15 g (½ oz/4 cucharaditas) de sal marina
- 1 cucharada de vinagre balsámico, más 1 cucharada extra si preparas el puré

1. Lleva el agua a ebullición en una olla mediana a fuego fuerte. Añade los chiles morita y las hojas de laurel, luego reduce el calor a muy bajo y deja cocer unos 10 minutos hasta que los chiles se ablanden y el líquido reduzca un tercio.
2. Añade el sofrito de cebolla, vinagre de manzana, ajos ahumados y negros, azúcar o piloncillo y sal, y sigue cociendo unos 20 minutos más para que espese y reduzca. Revuelve con frecuencia para que nada se pegue. Los chiles, ajo y cebolla deben deshacerse y mezclarse formando una salsa aromática y untuosa. Baja el fuego si es necesario. Prueba y rectifica de sal o azúcar para equilibrar los sabores.
3. Retira del fuego. Una vez esté fría la mezcla, retira las hojas de laurel e incorpora el vinagre balsámico.

Para el puré de chipotle en adobo

Con la batidora de mano tritura la mitad de la mezcla con 1 cucharada de vinagre balsámico adicional. Este puré es indispensable para recetas de guisados, salsas o tortas. Se conserva en el refrigerador hasta 1 mes.

Adobo de anchos secos

Esta es la versión para adultos de una golosina elaborada con chile en polvo llamada *miguelito*. Se come como caramelo, pero también espolvoreada sobre mango, jícama, pepino o palomitas de maíz. Una delicia, ¡sobre todo al salir del colegio! Este polvo para adobos o marinados se elabora tostando los chiles secos y moliéndolos. Se puede hacer en el molcajete (página 78) o, como alternativa menos auténtica (pero mucho más rápida), en un molinillo de café.

Para esta receta, opto por el chile ancho, la versión seca del querido chile poblano (en la foto). Aporta el tono frutal y el dulzor de un tomate secado al sol o de las pasas a este adobo con un toque picante.

SALEN UNOS 80 G (3 OZ)

30 g (1 oz) de chiles anchos secos, limpios
2 cucharaditas de semillas de hinojo
1 cucharadita de semillas de cilantro
½ cucharadita de canela molida
1 ½ cucharadita de sal
1 ½ cucharadita de azúcar moreno
jugo de 1 naranja (opcional)

1. Tuesta los chiles en el comal o una sartén antiadherente a fuego medio-alto durante un par de minutos hasta que se ablanden. Vigila que no se quemen porque entonces amargan. Reserva y deja enfriar. Tuesta las semillas de hinojo y cilantro en una sartén a fuego medio un par de minutos, para que suelten su aroma, y deja enfriar.
2. Añade los chiles, semillas de hinojo y cilantro, canela, sal y azúcar al molcajete (o molinillo de café) y pícalo todo bien fino. Pasa la mezcla a un bol pequeño. Prueba y rectifica de condimento.
3. Para condimentar, espolvoréalo sobre frutas o verduras, como piña, manzanas, pepino o jícama. También es genial para palomitas.
4. Para su uso como marinado o adobo, añade el jugo de naranja y mézclalo para obtener una pasta espesa. Unta con ella carne de pollo o de cerdo, champiñones o incluso calabaza antes de asarlos.

Adobo para barbacoa

Los mexicanos han convertido los marinados en un arte. Este adobo equilibra el sabor ahumado de los chiles chipotle con el dulzor del ancho y las notas achocolatadas del pasilla mixe. También lleva hojas secas de aguacate, que portan un maravilloso sabor anisado. Este marinado es para los jarretes de cordero con salsa barbacoa (página 237), pero también puede usarse para pollo o vegetales a la barbacoa, como la coliflor ahumada con mole blanco (página 238). Ten en cuenta que los chiles secos precisan un remojo de 12 horas antes de su uso.

SALEN 700 G (1 LB 9 OZ)

50 g (2 oz) de chiles chipotle morita
2 chiles anchos
2 chiles pasilla mixe
500 ml (17 fl oz/2 tazas) de agua caliente
100 g (3 ½ oz) de dientes de ajo, pelados
2 cucharaditas de sal marina
2 cucharadas de vinagre balsámico
20 g (¾ oz/1 cucharada) de miel de agave oscura
10 hojas de aguacate secas
250 ml (8 ½ fl oz/1 taza) de aceite de pepita de uva

1. Pon todos los chiles secos en un bol y vierte el agua caliente encima. Deja en remojo al menos 12 horas. El remojo no solo sirve para ablandar los chiles, sino también para rebajar el picante. Una vez blandos, escúrrelos y reserva el agua del remojo. Retira y desecha los tallos.
2. Añade los chiles al vaso de la licuadora o procesador de alimentos, junto con la mayor parte del agua del remojo y el ajo. Tritura, añade la sal, el vinagre, la miel de agave y las hojas de aguacate, y tritura de nuevo hasta que las hojas se desintegren. Debe quedar una salsa suelta pero no líquida. Añade más agua del remojo para ajustar el espesor si es necesario.
3. Mientras trituras a velocidad baja, añade poco a poco el aceite hasta que emulsione.
4. Prueba la salsa, con cuidado porque es muy picante. Debe ser más bien salada; rectifica de sal según convenga. Terminado el proceso, pasa el marinado a un recipiente hermético. Se puede utilizar enseguida y se conserva en el refrigerador hasta 1 semana.

Salsa verde cruda y salsa de aguacate

La salsa cruda es una de mis preferidas. Es literalmente una ensalada líquida preparada con ingredientes crudos, como indica su nombre. Al añadir aguacates a esta sencilla base, se obtiene una salsa de aguacate muy suave. Se puede servir con totopos, por supuesto, pero en mi opinión es indispensable para los tacos dorados. Al convertirla en salsa de aguacate, me gusta añadirle picante, ya que su cremosa textura equilibra las notas frescas y herbáceas de chiles y cilantro. Si lo deseas, puedes añadirle más chiles o hierbas.

SALEN UNOS 600 G (1 LB 5 OZ)

500 g (1 lb 2 oz) de jitomates verdes, sin cáscara y troceados
80-110 g (3-3 ¾ oz) de chiles serranos verdes o jalapeños, troceados
8 cebollas cambray, troceadas
10 g (½ oz) de ajos pelados
35 g (1 ¼ oz) de cilantro
50 ml (1 ¾ fl oz/3 cucharadas) de jugo de limón
2 ½ cucharaditas de sal
100 ml (3 ½ fl oz/ ½ taza escasa) de agua

PARA HACER SALSA DE AGUACATE

2-3 aguacates, pelados, sin hueso y troceados
10 g (½ oz) adicionales de cilantro

1. Para la salsa cruda, pon los jitomates verdes, chiles, cebolleta, ajos, cilantro, jugo de limón, sal y agua en el vaso de la licuadora y tritúralo todo. Ya tienes salsa cruda.
2. Para convertirla en salsa de aguacate, añade la pulpa de 2 aguacates a la mezcla, junto con el cilantro adicional. Tritúralo. Si prefieres una salsa más cremosa, añade el tercer aguacate y tritura hasta conseguir la textura deseada. Prueba y rectifica de sal.

NOTA: Es ideal para los jarretes de cordero con salsa barbacoa (página 237) o los tacos de lengua de res (página 162). Se conserva en un recipiente de vidrio en el refrigerador durante 4-5 días.

Salsa verde cocida

Se elabora con los mismos ingredientes que la salsa verde cruda. Estos se tuestan en una plancha o comal. O bien en una sartén de base gruesa. Una vez los ingredientes se han asado, pueden triturarse. Puedes utilizar tomates verdes envasados, pero no los ases porque se harían puré. Para eliminar el leve sabor metálico de los tomates envasados, mi secreto consiste en añadirles un poco de jengibre rallado y asar bien la cebolla, ajo y chiles.

SALEN UNOS 600 G (1 LB 5 OZ)

500 g (1 lb 2 oz) de tomates verdes frescos, sin cáscara, o de lata, escurridos
80-110 g (3-3 ¾ oz) de chiles serranos verdes o jalapeños, enteros
8 cebollas cambray, enteras
10 g (½ oz) de ajos pelados
35 g (1 ¼ oz) de cilantro
20 ml (1 ½ fl oz/3 cucharadas) de jugo de limón
2 ½ cucharaditas de sal

1. Pon una sartén grande de base gruesa a fuego medio y añade los tomates verdes frescos (si usas), junto con los chiles, cebollas cambray y ajos. Ásalos sin grasa por espacio de 20-30 minutos hasta que se tuesten. Una vez tiernos y tostados, déjalos enfriar 10 minutos.
2. Cuando estén fríos, añádelos al vaso de la licuadora, con el cilantro, jugo de limón y sal. Si usas jitomates en lata en lugar de frescos, añádelos también ahora. Tritura la salsa hasta la consistencia deseada: puedes hacerla muy homogénea o dejar tropezones.
3. Se conserva en un recipiente de vidrio en el refrigerador durante 4-5 días.

Adobo de guajillo

El chile guajillo es largo, delgado y de grado picante mediano, y suele usarse seco. Una vez cocinado para este adobo de color rojo intenso, puede tomarse frío para añadir un toque a las salsas o caliente para aportar sabor y color a unos camarones fritos (página 108) o un pambazo (página 169).

SALEN UNOS 360 G (12 ¾ OZ)

120 g (4 oz) chiles guajillos, sin semillas y sin tallos
100 g (3 ½ oz) de cebolla morada (página 50), más 60 ml (2 fl oz/4 cucharadas) de escabeche
2 cucharaditas de sal
jugo de 1 limón

1. Tuesta los chiles en el comal o una sartén antiadherente de base gruesa a fuego medio hasta que se ablanden. Presiónalos con una espátula y dales la vuelta unas cuantas veces para distribuir el calor. Vigila que no se quemen porque darían un sabor amargo al adobo. Pon los chiles cocidos en un bol y cúbrelos con 400 ml (13 fl oz/1 ½ tazas) de agua. Deja en remojo al menos 1 hora.
2. Añade los chiles remojados al vaso de la trituradora con 100 ml (3 ½ fl oz/½ taza escasa) del líquido del remojo y el resto de los ingredientes. Tritura hasta que quede todo fino y homogéneo, una salsa de consistencia algo espesa pero no un puré. Cuélala por un colador de malla fina y vuelve a triturarla. Prueba y rectifica de sal. Este adobo se conserva en el refrigerador hasta 1 mes.

Adobo verde

Esta salsa herbácea no es tradicional, presenta tonos de limón y chiles y puede usarse como marinado o adobo. Es muy rico con lubina: simplemente extiende unas cucharadas de la salsa entre dos filetes de lubina antes de asarlos. Otra opción es añadirlo a unos camarones u hortalizas a la plancha, como calabacitas o champiñones.

SALEN UNOS 600 G (1 LB 5 OZ)

3 jalapeños verdes, limpios, sin semillas y picados finos
5 g (¼ oz) de hojas de estragón, picadas finas
30 g (1 oz) de perejil, picado muy fino
5 cebollas cambray, picadas finas
30 g (1 oz) de aceitunas verdes, sin hueso y picadas finas
2 cucharaditas de orégano mexicano
1 cucharadita de sal
1 cucharadita de pimienta negra recién molida
100 ml (3 ½ fl oz/½ taza escasa) de aceite de cáñamo
300 ml (10 fl oz/1 ¼ taza) de aceite de sésamo
2 cucharadas de jugo de limón

1. Pon los chiles, estragón, perejil, cebollas cambray y aceitunas en un bol. Añade el orégano, sal y pimienta, y mezcla.
2. Poco a poco incorpora los dos aceites, batiendo entre uno y otro. Termina la salsa añadiendo el jugo de limón. Prueba y rectifica de sabores.

Salsa de árbol

El chile de árbol es corto y delgado, y se cultiva en las provincias centrales de México. Tal vez su forma de ramita sea el origen del nombre de este chile. Es una de las variedades más picantes y proviene de la misma familia que la guindilla. Notarás su intensidad cuando lo tuestes; conviene que lo hagas con la cocina bien ventilada. Cuando se manipulan estos chiles tan fuertes, siempre es recomendable llevar guantes de cocina para evitar problemas después de tocarlos. No basta con lavarse las manos: lo aprendí a las malas.

Esta salsa es picante. Añade solo un poco para tacos blandos o crujientes, como los tacos dorados.

SALEN UNOS 400 G (14 OZ)

15 g (½ oz) de chiles de árbol, sin tallos
20 g (¾ oz) de ajos, pelados
1 cebolla, troceada
1 cucharadita de sal
500 ml (17 fl oz/2 tazas) de agua
60 g (2 oz) de mojo de ajo (página 49)
100 g (3 ½ oz) de adobo de guajillo (página 89)

1. Tuesta los chiles en el comal o una sartén antiadherente de base gruesa a fuego medio 30 segundos hasta que oscurezcan ligeramente. Presiónalos con una espátula y dales la vuelta unas cuantas veces vigilando que no se quemen.
2. Añade los chiles a una cacerola a fuego bajo con el ajo, cebolla y sal. Cubre con el agua y deja cocer 10 minutos. Déjalo enfriar un poco, luego pasa el contenido de la cacerola al vaso de la licuadora y tritúralo bien.
3. Devuelve la cacerola vacía al fuego y añádele el mojo de ajo. Cocínalo hasta que empiece a sofreírse, luego añade la mezcla triturada y deja cocer 5 minutos. Añade el adobo de guajillo y cuécelo junto 5 minutos más. La salsa ya está lista. Se conserva en el refrigerador hasta 2 semanas.

Salsa chamoy de piña y chabacano

Esta icónica salsa se prepara tradicionalmente con chiles secos, sal, azúcar y chabacanos frescos y, al parecer, es de raíces japonesas. Presenta un equilibrio perfecto entre dulce, picante y ácido. Si has visitado México, te habrás fijado en las botellas de plástico con salsa chamoy en los puestos de chicharrones o fruta. La salsa chamoy comercializada contiene muchos colorantes y aromas artificiales, de modo que aquí ofrezco una alternativa sana para todos. Es deliciosa con manzana, pera, mango o piña, o servida con bastoncitos de zanahoria y pepino.

SALEN UNOS 500 ML (17 FL OZ/2 TAZAS)

- unos 150 ml (5 fl oz/⅔ taza escasa) de agua de jamaica (página 55)
- 100 g (3 ½ oz) de piña fresca, pelada y troceada
- 1 cucharadita de sal
- 1 chile piquín, habanero seco o de árbol, limpio
- 40 g (1 ½ oz) de orejones de chabacano
- 30 g (1 oz) de ciruelas pasas sin hueso
- jugo de ½ naranja
- fruta fresca o crudités, para servir

1. Añade los ingredientes al vaso de la licuadora y tritura. Pasa la mezcla por un colador de malla fina y vuelve a triturarlo, añadiendo un poco más de agua de jamaica si es necesario. La salsa debe poseer la consistencia de cátsup más líquida.
2. Prueba y rectifica de sal. Pasa la salsa a un tarro o botella. Se conserva en el refrigerador hasta 2 semanas.

CONSEJO: Puedes sustituir las ciruelas por pasas y más orejones.

Melox

Salsa de pasilla mixe

Los chiles pasilla mixe, delgados, largos y de color rojo parduzco, son la versión seca de los chiles chilaca verdes cultivados en la sierra Mixe, al noreste del estado de Oaxaca. La composición del suelo y la localización influyen en el sabor de estos chiles. La técnica empleada para conferirles su intenso sabor ahumado es un secreto que guardan las comunidades del lugar. Los pasilla mixe y los chipotle meco (de Puebla) son mis chiles preferidos de la cocina mexicana. Utiliza esta salsa para comer con totopos, o preparar tamales y burritos para desayunar. Me encanta su gusto ahumado y espero que a ti también.

SALEN 660 G (1 LB 7 OZ)

60 g (2 oz) de chiles pasilla mixe, limpios y sin semillas
1 ramita de canela
500 ml (17 fl oz/2 tazas) de agua
1 cebolla, en cuartos
10 dientes de ajo, pelados
1 ½ cucharadita de sal
2 cucharaditas de miel de agave oscura
10 g (¼ oz) de cilantro, picado fino

1. Tuesta los chiles en el comal o una sartén antiadherente de base gruesa a fuego medio hasta que se ablanden. Presiónalos con una espátula y dales la vuelta unas cuantas veces para distribuir el calor. Vigila que no se quemen porque darían un sabor amargo a la salsa. Añade la ramita de canela a la sartén y tuéstala un poco para potenciar su aroma y sabor. Pon los chiles tostados y la ramita de canela en un bol y cúbrelos con agua. Deja en remojo al menos 1 hora.
2. Mientras, añade la cebolla y los dientes de ajo al comal o plancha antiadherente de base gruesa a fuego medio-alto, y ásalos 10-15 minutos hasta que queden tiernos.
3. Escurre los chiles y reserva 150 ml (5 fl oz/⅔ de taza escasa) del líquido del remojo. Añade los chiles al vaso de la licuadora, junto con la cebolla y el ajo. Añade la sal, miel y líquido del remojo, más 100 ml (3 ½ fl oz/½ taza escasa) de agua. Tritura hasta que quede homogéneo, una salsa de consistencia algo espesa pero no un puré. Cuélala por un colador de malla fina y vuelve a triturarla.
4. Añade el cilantro, luego prueba y rectifica de sal. Esta salsa se conserva en el refrigerador hasta 2 semanas.

Catsup de betabel y pasilla mixe

La Ciudad de México ofrece unas fantásticas hamburguesas al carbón. La proximidad con los EE. UU. puede ser parte del motivo de la popularidad de este producto en casi todos los barrios. Los puestos de hamburguesas que cocinan al carbón en lugar de la plancha son mis preferidos. Esta cátsup es facilísima de preparar. Si no dispones de chiles pasilla mixe, utiliza chipotle meco, chipotle morita o incluso anchos o mulatos.

Me gusta servirla como alternativa a la cátsup de tomate verde con mis carnitas de pato (página 218), ya que el gusto ahumado de la betabel y los pasilla mixe sirve para variar de la acidez y frescor del tomate verde con jalapeño y menta.

SALEN UNOS 700 G (1 LB 9 OZ)

1 chile pasilla mixe
150 ml (5 fl oz/⅔ taza escasa) de vinagre de manzana
200 ml (7 fl oz/1 taza escasa) de agua
½ ramita de canela
300 g (10 oz) de betabel crudo, pelado y en dados
2 manzanas, peladas, sin corazón y en cuartos
60 g (2 oz/¼ de taza) de miel
40 g (1 ½ oz/3 cucharadas) de azúcar extrafino
100 g (3 ½ oz) de pasas
¾ de cucharadita de sal

1. Pon el chile, vinagre, agua y canela en una cacerola mediana a fuego fuerte. Lleva a ebullición, luego añade el betabel, cubre y baja el fuego. Deja cocer 35-45 minutos, o hasta que el betabel esté cocido y gran parte del líquido absorbido. Retira del fuego y deja enfriar.
2. Pasa el betabel y la canela al vaso de la licuadora. Añade el resto de los ingredientes y tritúralos bien, luego pasa la mezcla por un colador de malla fina.
3. Vuelve a añadirla a la cacerola para que cueza 20 minutos y espese un poco. Una vez fría, se conserva en un recipiente de vidrio en el refrigerador 1 semana.

NOTA: Yo preparo mis hamburguesas mezclando carne molida de res con 1 cucharada de esta cátsup, ajo picado, perejil picado, parmesano rallado, chiles en escabeche (página 46) picados, concentrado de jitomate, pimienta negra recién molida y una pizca de sal. Cocina estas hamburguesas a la barbacoa y móntalas con queso suave Chihuahua o cheddar y más cátsup. Sirve con más chiles en escabeche, rodajas de tomate y cebolla, y una cucharada de aguacate chafado. La mejor hamburguesa umami mexicana.

Xni' pek (salsa de chile scotch bonnet al estilo maya)

Este nombre maya significa «hocico de perro», dado el efecto que produce la intensidad de esta salsa yucateca con tropezones. Yo uso cuatro chiles y sus semillas, pero se puede preparar con menos chiles y sin semillas. Es un acompañamiento ideal para las costillas de cerdo en pibil (página 234) o la clásica receta de cochinita pibil, toda una experiencia yucateca.

SALEN 400 G (14 OZ)

1 cebolla morada grande, picada fina
2-4 chiles habaneros o scotch bonnet, picados
50 g (2 oz) de cebolla morada encurtida (página 52), más 30 ml (2 cucharadas) de escabeche
100 ml (3 ½ fl oz/½ taza escasa) de jugo de naranja
¾ de cucharadita de sal marina
40 ml (1 ¼ fl oz/3 cucharadas) de aceite de oliva virgen extra
20 g (¾ oz) de cilantro, picado

1. Pon la cebolla picada, los chiles y la cebolla morada en un bol y añade el jugo del encurtido, jugo de naranja y sal. Mézclalo hasta disolver la sal.
2. Incorpora el aceite batiendo y deja reposar la salsa 10 minutos. Prueba de sabor y rectifica según convenga con más jugo o chiles. Es una salsa picante, ¡muy picante! pero con aroma y sabor cítrico. Añade el cilantro justo antes de servir.

Sikil pak (salsa de habanero y calabaza)

Se trata de una salsa yucateca de origen maya. La receta tradicional contiene tomate asado que se chafa y mezcla con otros ingredientes. Mi versión se prepara mezclando una de mis salsas preferidas, la salsa macha de habanero y calabaza, con jugo de naranja y semillas de calabaza asadas, pero se le puede añadir el tradicional tomate asado, por supuesto. Le añado semillas de calabaza recién tostadas al final por su textura.

SALEN UNOS 200 G (7 OZ)

50 g (2 oz) de semillas de calabaza
120 g (4 oz) de salsa macha de habanero y semillas de calabaza (página 79)
jugo de 1 naranja

1. Seca y tuesta las semillas en una sartén antiadherente a fuego bajo-medio durante un par de minutos, sacudiendo la sartén todo el rato. Una vez tostadas y cuando alguna empiece a saltar, pásalas a un bol y deja enfriar.
2. Añade la mitad de las semillas a un molcajete (véase la página 78) o al procesador de alimentos. Añade la salsa macha de habanero y semillas de calabaza. Si usas molcajete, empieza moliendo y mezclando, agregando poco a poco el jugo de naranja. Si usas un pequeño procesador de alimentos, pulsa para triturar unas cuantas veces, añadiendo el jugo entre pulsaciones, y para cuando aún queden trocitos.
3. Justo antes de servir, incorpora el resto de las semillas a la mezcla. Las semillas absorberán el líquido y si lo dejas demasiado tiempo, pierden el toque crujiente, por eso las añadimos al final.
4. Sirve enseguida con crudités o totopos (página 65).

AL DESPERTAR

¿Qué se toma a primera hora de la mañana en México? Bueno, pues dependerá de adónde vas o de dónde vienes. Cuando pertenecía al equipo nacional de remo, entrenaba en el canal de Cuemanco, construido para los juegos olímpicos de 1968. Siempre empezaba la mañana con un jugo verde del puesto de Beto, elaborado con nopal, piña, jugo de naranja y espirulina. Este elixir me reponía tras el intenso y arduo entrenamiento que empezaba a las 6 cada mañana. Pero después de una noche de fiesta, podías encontrarme en un puesto de tacos tomando unos tacos de barbacoa y consomé –el caldo de cocción de la carne– con chile, limón, cilantro y cebolla. Estábamos convencidos, todavía lo estoy, de que aquellos tacos antes de regresar a casa iban a poder con todo rastro de resaca. ¡O al menos hacerla menos intensa!

La madrugada en México es el momento en que la ciudad se llena de vida: los comerciantes montan sus puestos y el bullir del tráfico toma las calles de una ciudad famosa por su intenso tráfico. La gente apresurada transita por la enorme ciudad en coche o autobuses, como las viejas furgonetas vw llamadas «combis», mientras los vendedores ambulantes emiten su música para mantener el ritmo de los chilangos. Como una gigantesca bestia que despierta, la ciudad vuelve a la vida y para empezar el día es necesario un buen sustento: la jornada laboral puede alargarse hasta la noche, y el tráfico significa que los desplazamientos pueden durar horas. Los vendedores ofrecen tentempiés o antojitos y bebidas a los conductores, de coche en coche, además de entrar y salir de los autobuses vendiendo bebidas, cócteles de fruta o gelatinas. Entre los primeros puestos que abren se encuentran los de fruta y jugos. El clima cálido de México regala maravillosas frutas tropicales todo el año, dulces y gustosas, como piñas, papaya y mango, además de frutas menos conocidas como el mamey, la pitaya y el higo. Se venden en bandejas, en forma de jugos recién hechos o como licuados, y son imprescindibles a primera hora. Se trata solo de un tentempié previo al desayuno, que en México es un acontecimiento.

Infusión de jamaica

El jugo de jamaica es rico en vitaminas, ideal para empezar el día y combatir los resfriados. Las flores secas se conservan bien en la despensa, de modo que siempre están a mano. La miel de jamaica empleada para los tamales de jamaica (página 124) contiene mucho azúcar. Esta receta es parecida, pero en lugar de azúcar, se puede usar miel de agave para endulzar la bebida.

SALE 1 LITRO (34 FL OZ/4 TAZAS)
70 g (2 ½ oz) de flores de jamaica
1 litro (34 fl oz/4 tazas) de agua
miel de agave oscura, al gusto

1. Lava las flores con cuidado en el lavabo para retirar restos de arena o suciedad de entre los pétalos.
2. En un cazo mediano, lleva el agua a ebullición. Añade las flores y cocínalas durante 10-15 minutos, revolviendo de vez en cuando, hasta que estén suaves pero aún firmes y hayan soltado su sabor y color.
3. Retira las flores con una espumadera y resérvalas para hacer compota de jamaica (página 55) o un relleno salado (página 176). Luego añade la miel a la olla y revuelve hasta que se disuelva.
4. Deja enfriar y embotella el líquido; se conserva en el refrigerador hasta 2 semanas.

Jugo verde de nopal

Los nopales son las hojas tiernas del nopal o higuera chumba. Resulta difícil encontrarlos frescos fuera de México, pero cuando doy con ellos, los cocino en una olla de cobre: crucial para reducir la viscosidad del cactus hervido. Pero si voy a disfrutarlos en ensalada, me gusta comerlos crudos. En la cocina mexicana se utilizan muchísimo. Con su elevado contenido en fibra, proteína, antioxidantes, vitaminas y minerales, el nopal es un fruto saludable.

Para pelar las hojas, sujétalas por la base y, con el dorso de un cuchillo, rasca los pinchos y espinas por ambas caras. También puedes usar un descamador de pescado. Recorta las orillas con un cuchillo y corta el nopal en tiras o cuadrados.

1 RACIÓN
100 g (3 ½ oz) de nopal recién cortado
120 g (4 oz) de piña fresca, troceada
100 ml (3 ½ fl oz/½ taza escasa) de jugo de naranja
100 ml (3 ½ fl oz/½ taza escasa) de agua
1 cucharadita de miel
5 g (½ oz) de perejil

1. Pon los ingredientes en el vaso de la licuadora y tritura a velocidad alta durante unos minutos. Es un paso clave que, si no se sigue, puede dar como resultado un jugo viscoso. Prueba y rectifica de dulzor. Sírvelo enseguida: lo ideal es preparar el jugo en el último momento.

Horchata de arroz

La reina de las aguas frescas mexicanas es la horchata, ideal para aplacar la sed en días de calor. Se hace simplemente con arroz que ha pasado la noche en remojo y se mezcla con agua, canela y vainilla. Me gusta fría, claro está, pero también para añadirla al café de la mañana en lugar de leche de vaca.

SALE 1 LITRO (34 FL OZ/4 TAZAS)
300 g (10 oz/1 ¼ tazas) de arroz
4 cucharadas de azúcar extrafino
1 cucharadita de canela molida
1 cucharada de extracto de vainilla

1. Lava el arroz hasta que el agua salga transparente. Pon el arroz lavado en un bol y cúbrelo con agua caliente. Deja que repose toda la noche.
2. Al día siguiente, escurre el arroz, luego pon la mitad en el vaso de una licuadora potente, junto con la mitad del azúcar, la canela y la vainilla. Añade 500 ml (17 fl oz/2 tazas) de agua y tritura hasta que el arroz se integre en el líquido homogéneamente. Pásalo a una jarra y repite la operación con el resto del arroz, azúcar, canela y vainilla y otros 500 ml (17 fl oz/2 tazas) de agua. Mezcla las dos tandas y sirve.

Licuado de aguacate

El amaranto es rápido y fácil de hacer; casi instantáneo. Yo siempre tengo en la despensa. Como verás, lo uso para rematar ensaladas y añadirlo a las recetas de desayuno. Prepara este licuado en el último momento para que el aguacate no se oxide. Es nutritivo y perfecto para aguantar toda la mañana.

2 RACIONES
1 aguacate maduro, pelado, sin hueso y troceado
200 ml (7 fl oz/¾ de taza) de jugo de naranja
200 ml (7 fl oz/¾ de taza) de jugo de manzana
20 g (¾ oz) de amaranto (página 147)
2 cucharaditas de miel de agave oscura

1. Añade los ingredientes al vaso de la licuadora y tritura. Reparte entre dos vasos y sírvelo enseguida.

Chocolate de agua especiado

Desde tiempos prehispánicos, la bebida de chocolate se consideraba «bebida de los dioses» y solo podía disfrutar de ella la élite de las culturas maya y azteca. Procedente de la palabra *xocoatl*, del náhuatl, significa literalmente «agua amarga», ya que se preparaba con cacao asado y especias. El cacao es un superalimento –y una superplanta– con numerosos nutrientes y de propiedades medicinales.

Para esta receta, utilizo cacao en polvo de calidad, ya que es más fácil de encontrar, pero tradicionalmente se emplean tabletas de chocolate mexicano, de alto contenido en cacao y especiadas con canela y azúcar. Lo que hace especial este chocolate caliente es la espuma. En México usamos un molinillo, un utensilio especialmente diseñado para crearla. También se puede usar un batidor de globo, menos tradicional, pero efectivo.

En mi opinión, el mejor chocolate es el del restaurante El Cardenal, en la Ciudad de México, donde lo preparan con su espuma delante del cliente. Acompañado de una concha, es el comienzo o el final de un desayuno mexicano exitoso.

2 RACIONES

500 ml (17 fl oz/2 tazas) de agua
1 ramita de canela
1 chile chipotle morita o ½ ancho o de árbol
40 g (1 ½ oz/½ taza escasa) de cacao en polvo ecológico de calidad (o chocolate mexicano troceado, si es posible)
55 g (2 oz/¼ de taza) de azúcar moreno (no es necesario si usas tabletas de chocolate mexicano)

1. Pon el agua en un cazo y añade la canela y el chile. Lleva a ebullición y deja cocer 5 minutos hasta que el agua se tiña un poco con la canela. Baja el fuego y añade el cacao y el azúcar o bien el chocolate troceado. Revuelve periódicamente hasta que se derrita.
2. Sujeta el molinillo entre las palmas de las manos y hazlo girar entre ellas para batir el chocolate y formar la espuma. También puedes hacerlo con un batidor de mano.
3. Sirve inmediatamente.

RESTAURANTE
EN ESTE ESTABLECIMIENTO
NO EXISTE CONSUMO
MINIMO NI LA MODALIDAD
DE BARRA LIBRE
ZAGAT
2013

Cardenal
23

Tepache

El tepache es como una kombucha mexicana de piña. Se prepara con la piel y la pulpa de una piña muy madura, fermentada con azúcar moreno y aromatizada. Como todas las bebidas fermentadas, es un probiótico natural, por eso la incluyo como bebida saludable en este capítulo. Su sabor –recuerda al de la sidra– resulta indicado para acompañar una comida o como base para cócteles. Encontrarás una receta con tepache en la sección de bebidas (página 202).

SALE ALREDEDOR DE 1 LITRO (34 FL OZ/4 TAZAS)

500 g (1 lb 2 oz/2 ½ tazas) de azúcar moreno natural
250 g (9 oz/1 ¼ tazas) de azúcar mascabado o piloncillo
500 ml (17 fl oz/2 tazas) de agua hirviendo
2 ramitas de canela
1 cucharadita de granos de pimienta de Jamaica
1 cucharadita de clavos
1 chile ancho pequeño, sin tallo, troceado
½ cucharadita de sal en escamas
¼ de cucharadita de pimienta negra en grano
1 estrella de anís
un trozo de raíz de jengibre de 5 cm (2 in)
1 piña mediana muy madura (si es orgánica, mejor)
500 ml (17 fl oz/2 tazas) de agua fría

1. En una jarra grande, combina los azúcares con el agua hirviendo y revuelve hasta que se disuelvan. Añade la canela, granos de pimienta, clavos, chile, sal, anís y jengibre, y vierte la mezcla en un tarro de 2 litros (68 fl oz) de capacidad.
2. Corta la base de la piña para que se aguante apoyada y luego, sujetándola por las hojas, córtala por la mitad. Desecha la parte leñosa central porque daría un sabor amargo al tepache. Trocea la piña, con piel, y añádela al tarro de cristal. Acaba de llenar con agua fría y revuelve el contenido.
3. Cubre la boca del tarro con un par de capas de muselina. La mezcla empezará a fermentar al cabo de 48 horas. Retira la espuma que se forma en la superficie y deja reposar un día más. Puedes usar el tepache pasado ese tiempo. Lo ideal es mantener el tarro a 25 °C (77 °F).

Jarabe de café de olla

Esta es la alternativa más icónica al café que se sirve en taquerías, fondas, cenadurías tradicionales y mercados de la capital. Toma su nombre de la olla de barro en que se prepara. Es típico elaborarlo hirviendo agua con granos de café, piel de naranja, canela y piloncillo (azúcar de caña). Me gusta preparar este jarabe con antelación para añadirlo al café de la mañana cuando me apetezca.

SALEN UNOS 500 ML (17 FL OZ/2 TAZAS)

1 litro (34 fl oz/4 tazas) de agua
3 ramitas de canela
1 estrella de anís
piel de 1 naranja
400 g (14 oz/2 tazas) de azúcar moreno

1. En un cazo grande a fuego fuerte, lleva el agua a ebullición. Añade la canela, anís y naranja y baja el fuego. Deja cocer 10-15 minutos hasta que el agua se impregne de los aromas y haya reducido a la mitad.
2. Añade el azúcar y revuelve para que se disuelva. Deja cocer 5 minutos más hasta que la mezcla adquiera la consistencia de jarabe.
3. Deja enfriar, luego viértelo en una botella para conservarlo.

naranja
ZAPOTE
mango
y
FRESA
JUGOS
de:
Piña
Caldo de chapulin
BEBIDAS

APIO
PEREJIL
Y
ESPINACAS
Combinaciones
a tu gusto
PLATANO
a tu gusto
LINAZA
AVENA
COCO
NUEZ

DESAYUNO

En México se sirven los mejores desayunos. Mucho antes de la moda del *brunch*, los mexicanos celebraban este tipo de desayuno en las reuniones de negocios, con los amigos o en familia el fin de semana. Salir a desayunar forma parte del calendario social de muchos habitantes de la Ciudad de México, y es muy complicado encontrar mesa para esa hora en algunos de los mejores restaurantes.

Los desayunos mexicanos son la representación culinaria del país, su diversidad, microclima y tradiciones. De pequeño, uno de nuestros rituales semanales era ir a desayunar a un restaurante de estilo inglés llamado La Cochera del Bentley. Mis padres y sus amigos tomaban sus famosos huevos Benedict mientras entre los más jóvenes triunfaban el chocolate caliente y los *pancakes* americanos. El cofre de un Bentley de la década de 1970 ocupaba la entrada del restaurante, que se preciaba de ser genuinamente británico. Poco imaginaba yo entonces que acabaría estableciendo, inversamente, un restaurante mexicano en Londres.

Ahora, en mis visitas a la ciudad, me gusta empezar el día en un puesto de calle tomando un atole, una bebida espesa y saciante preparada con maíz y a menudo aromatizada con fruta o chocolate. Lo acompaño con un tamal, de maíz cocinado al vapor relleno de pollo, cerdo o verduras, servido con salsa, que te sacia por horas.

Mi desayuno diario preferido son los chilaquiles: totopos de maíz mojados en salsa y cubiertos de crema, queso y cebolla morada. Se encuentran en todas partes, desde puestos de calle hasta los restaurantes más conocidos. En el pintoresco barrio de la Condesa, existe un lugar llamado La Esquina del Chilaquil. Perla Guzmán es la encargada, y su abuela empezó a vender comida en aquella misma esquina hace más de 70 años. Todos los días, Perla y su familia se levantan a las 4 de la mañana para empezar a preparar la comida y, de las 8 de la mañana a la 1 de la tarde, sirven a una cola que puede dar la vuelta a la manzana. Las opciones son sencillas; chilaquiles rojos o verdes, servidos con frijoles negros, crema, queso y milanesa de pollo. La combinación resulta sublime.

Para un desayuno tradicional, El Cardenal, en el centro histórico, lleva ofreciendo comida mexicana con un servicio impecable desde la década de 1960. En aquel entonces, era el local preferido para desayunar entre los más altos cargos políticos. Los manteles blancos, impresionante escalera de madera y camareros de elegantes uniformes te transportarán a una era pretérita de lujo y decadencia. El pan dulce recién hecho y el chocolate mexicano son una maravillosa manera de empezar el día que es difícil de superar.

Pan francés con agave, nibs de cacao y tocino

La canela forma parte destacada de la cocina mexicana. Si bien no es autóctona del país y llegó importada de Sri Lanka, ahora se produce en estados como Veracruz y Tabasco. Lo que hace que este pan francés sea singular es el recubrimiento de azúcar con canela. Usa rebanadas gruesas de brioche para acentuar el contraste entre su interior esponjoso y exterior crujiente.

4 RACIONES

300 ml (10 fl oz/1 ¼ tazas) de leche
2 huevos grandes
1 cucharadita de extracto de vainilla
½ cucharadita de canela molida
8 rebanadas de tocino ahumado
4 cucharadas de miel de agave oscura
20 g (¾ oz/1 ½ cucharada) de mantequilla
200 g (7 oz) de pan de brioche seco, en rebanadas gruesas

RECUBRIMIENTO
1 cucharada de canela molida
4 cucharadas de azúcar extrafino

PARA DECORAR
60 g (2 oz) de granola con amaranto (página 138)
15 g (½ oz) de nibs de cacao
1 cucharada de miel de agave

1. Precalienta el horno a 200 °C/180 °C con ventilador/400 °F/gas 6 y forra una bandeja de horno con papel vegetal.
2. Combina la leche, los huevos, la vainilla y la canela en un bol mediano y bate para mezclarlos bien. Reserva.
3. Pinta las rebanadas de tocino por ambas caras con la miel de agave y disponlas sobre la bandeja. Ásalas durante 6 minutos por lado o hasta que se caramelicen. Resérvalas y mantenlas calientes.
4. Derrite la mantequilla en una sartén grande a fuego bajo. Moja cada rebanada de brioche en la mezcla de huevo, luego añádela a la sartén. Cocínalas 2 minutos por cada lado o hasta que se doren.
5. Mientras, prepara el recubrimiento mezclando el azúcar con la canela en un bol pequeño, y resérvalo.
6. Sirve las rebanadas de brioche en platos y espolvoréalas por ambas caras con el azúcar de canela. Añade el tocino y termina con la granola y los nibs de cacao por encima. Remata la presentación con un hilo de miel de agave y sirve.

Atole de fresas

En México, ¡el maíz se come y se bebe! Tradicionalmente, la harina de maíz se diluye en agua para que espese, pero aquí utilizo harina seca aromatizada con puré de fruta, canela y azúcar. A mis hijos les encanta con fresas, como en esta receta. El atole te da la energía necesaria para empezar un día frío de invierno. Puedes sustituir las fresas por moras o incluso chocolate mexicano, para un atole de chocolate.

4 RACIONES

800 ml (28 fl oz/3 ¼ tazas) de agua
80 g (3 oz/¾ de taza) de harina de maíz seca para masa
90 g (3 ¼ oz/½ taza) de azúcar extrafino
½ cucharadita de canela molida
500 g (1 lb 2 oz) de fresas, limpias

1. En un cazo mediano, lleva 400 ml (13 fl oz) del agua a un suave hervor a fuego medio.
2. En una jarra, diluye la harina para masa en 300 ml (10 fl oz/1 ¼ taza) de agua fría, luego bate esta mezcla con el agua hirviendo. Añade el azúcar y la canela, y deja cocer 10-15 minutos, revolviendo de vez en cuando, hasta que espese.
3. Añade las fresas al vaso de la licuadora con los 100 ml (¾ fl oz/½ taza escasa) restantes de agua, y tritúralo. Si tu licuadora no es bastante potente para moler las semillas de las fresas, pasa la mezcla por un colador de malla fina. Incorpora el puré de fresas a la mezcla del cazo y deja cocer 5 minutos más. Prueba, rectifica de azúcar y sírvelo caliente.

Chilaquiles verdes con huevos fritos

Este es uno de los platos que más me gustan. Combina sabores y texturas que me encantan de la cocina mexicana y está en los menús para desayunar, comer e incluso cenar. Creo firmemente que no hay normas para los chilaquiles siempre y cuando los totopos sean crujientes y estén recubiertos de salsa. Mi esposa Natalie está de acuerdo, y sus favoritos son los chilaquiles verdes. A mí también me gustan con mole: sustituye la salsa verde por la receta de mole de la página 159.

Puedes preparar los totopos con antelación y conservarlos en un recipiente hermético. Así absorberán la salsa y seguirán algo crujientes. La clave consiste en servir los chilaquiles recién hechos para que mantengan su textura. Ajusta los sabores picantes en caso de cruda añadiendo unos cuantos chiles más a la salsa: los chilaquiles son la mejor cura.

4 RACIONES

½ cebolla morada, en láminas finas
1 tanda de salsa verde (página 88) o 2 tandas de salsa roja (página 78)
3 cucharadas de aceite de semilla de uva o vegetal
20 g (¾ oz/1 ½ cucharadas) de mantequilla
8 huevos
1 tanda de totopos (página 65)
120 g (4 oz) de crema (página 65)
10 g (¼ oz) de queso cotija o pecorino rallado
hojas de cilantro picadas, para decorar

1. Primero, añade la cebolla laminada en un bol pequeño con agua fría y déjala mientras preparas los chilaquiles. El agua rebajará la intensidad de sabor de la cebolla cruda. En México, es lo que llamamos desflemar (véase la página 44).
2. Necesitarás dos sartenes grandes. En la primera, fríe la salsa en aceite a fuego medio 2-3 minutos. Mientras, en la segunda, derrite la mantequilla a fuego medio hasta que forme espuma. Añade los huevos y cuécelos 3 minutos, o hasta que las claras cuajen pero las yemas sigan líquidas.
3. Cuando los huevos y la salsa estén listos, añade los totopos a la sartén de la salsa y revuelve.
4. Enseguida, reparte los totopos entre los platos y luego añade dos huevos a cada plato. Decora con crema, láminas de cebolla, queso al gusto y cilantro.

CONSEJO: Divide la receta por la mitad para preparar dos raciones.

Tamales de jamaica

Los tamales dulces más tradicionales en Ciudad de México son los de fresa y piña. Inventé estos de jamaica para mis hijos, Sebastian y Cecilia. No son demasiado dulces, contienen fruta y pueden prepararse en tandas y congelarse (sin cocer), para tenerlos siempre a punto para los desayunos. ¡Les encantan!

Mis primeros recuerdos de tamales dulces son los clásicos de fresa del puesto donde los comprábamos de camino al colegio en Coyoacán, Ciudad de México.

SALEN 6

6 hojas grandes de maíz secas (véase Consejo)
200 g (7 oz/1 ¾ tazas) de harina de maíz para masa
¼ de cucharadita de levadura en polvo
100 g (3 ½ oz) de mantequilla, derretida y tibia
190 ml (6 ½ fl oz/¾ de taza escasa) de agua de jamaica (página 55), a temperatura ambiente
200 ml (7 fl oz/¾ de taza) de leche, a temperatura ambiente
100 g (3 ½ oz) de arándanos frescos

1. Añade las hojas de maíz a una olla grande de agua hirviendo y deja que se ablanden durante 30 minutos.
2. Llena el fondo de una olla de cocción al vapor con 5 cm de agua y llévala a ebullición.
3. Mientras, pon la harina para masa en un cuenco grande. Añade la levadura y mézclalas.
4. Haz un hueco en el centro de la harina. Añade la mantequilla derretida y empieza a amasar con la mano, añadiendo poco a poco, primero la bebida de jamaica y luego la leche. Sigue amasando hasta que la masa adquiera una consistencia suave y sin grumos. Debe quedar suave y algo pegajosa. Trabájala bien, durante al menos 7 minutos, hasta que la notes ligera y moldeable. Puedes hacerlo con el robot amasador o un robot de cocina. Envuelve la masa en papel film transparente o un trapo de cocina húmedo y deja que repose 10 minutos antes de usarla.
5. Para preparar el tamal, pon 60 g (2 oz) de masa en el centro de una de las hojas ablandadas. Forma un hueco en el centro de la masa y llénalo con unos cuantos arándanos. Dobla los bordes de la masa sobre el relleno formando un cilindro. Mete los extremos del cilindro hacia dentro y átalos con un hilo de la hoja o un trozo de cuerda. Si la hoja de maíz no es lo bastante larga, ata los extremos como si fuera un caramelo. Repite con el resto de los ingredientes para elaborar 6 tamales.
6. Cocina los tamales al vapor durante 25 minutos, luego apaga el fuego y déjalos en la vaporera 25 minutos más. Desenvuélvelos y sirve los tamales en las hojas, pero no comas las hojas, úsalas solo como platos y deséchalas.

CONSEJO: Si las hojas de maíz no son lo bastante grandes, puedes usar dos para cada tamal.

Huevos divorciados

Empleamos coloquialmente la palabra *divorciado* para referirnos a un plato que se sirve con la salsa al lado, o una bebida combinada con el refresco aparte. Refuerza la idea de separación. En el caso de los huevos divorciados, las dos salsas ni siquiera deben tocarse y los frijoles las mantienen separadas. Puedes comerte una sin mezclarla con la otra si no sabes por cuál optar, o mezclarlas a tu gusto. El sabor es tan rico y variado como su aspecto.

4 RACIONES

1 tanda de salsa roja cruda (página 78)
½ tanda de salsa verde cruda (página 88)
800 g (1 lb 12 oz) de refrito de frijoles negros con aguacate (página 71)
8 tortillas (12 cm/4 ½ in de diámetro; página 57)
1 cucharada de aceite de semilla de uva o vegetal
40 g (1 ½ oz) de mantequilla
8 huevos
20 g (¾ oz) de queso cotija o pecorino, rallado
½ cebolla morada pequeña, troceada fina
unas ramitas de cilantro

1. Precalienta el horno 100 °C/80 °C con ventilador/210 °F/gas ¼.
2. En tres cazos separados, calienta las salsas y los frijoles. Mantenlos calientes.
3. Calienta una sartén antiadherente grande a fuego bajo-medio. Unta las tortillas con el aceite y fríelas un minuto por cada lado, hasta que se ablanden y sean moldeables. Si lo deseas, puedes freírlas un poco más para que los bordes queden crujientes. Esto cambia la textura; ambas son deliciosas y adecuadas para este desayuno. Envuelve las tortillas en un trapo de cocina o papel vegetal y déjalas en el horno para mantenerlas calientes.
4. En la misma sartén, a fuego medio, derrite la mantequilla.
5. Rompe cuatro huevos en la sartén y cocínalos unos 3 minutos. Pasa los huevos a un recipiente apto para el horno y resérvalos en el horno caliente mientras fríes el resto de los huevos.
6. Para servir, coloca dos tortillas en cada plato y un huevo frito sobre cada tortilla. Añade una línea de frijoles en el centro del plato. Cubre la clara de un huevo con salsa roja caliente y la clara del otro con salsa verde, dejando las yemas libres. Decora con queso cotija o pecorino, cebolla morada en láminas y cilantro. Sirve inmediatamente.

Burrito de machaca y huevos revueltos

Cuando llegué a Londres en el año 2007, los burritos estaban de moda. Me acuerdo de ir al *pub* con los amigos de la universidad de Natalie. Una de sus amigas, Hayley, nos contó la ilusión que le hacía probar un burrito en su primer viaje a Chiapas durante su año sabático. Le apetecía probar uno «auténtico» ya que estaría en México; pero no fue lo que ella esperaba. Entonces, la gente conocía los burritos de los establecimientos británicos, que en realidad son cocina tex-mex o californiana.

Los auténticos burritos mexicanos, que vienen del norte del país, se rellenan con una pasta de frijoles, carne y salsa, nada más, de modo que son más pequeños y sencillos que los tex-mex, que se rellenan con muchos más ingredientes como arroz, pico de gallo, crema agria, etc.

La machaca es carne seca de res machacada. Es tradicional de las regiones del norte de México: Monterrey, Sonora y Chihuahua. La carne se marina con sal y especias y se deja secar al sol antes de deshacerla en tiras. Recuerdo que mi padre regresaba de los viajes a Monterrey con paquetes de machaca y tortillas de harina de trigo, más populares en el norte. Mi madre freía ligeramente la machaca y la añadía a unos huevos revueltos. Luego lo envolvía todo en una tortilla de harina con pasta de frijoles refritos, sin añadir salsa. Una receta ideal para los niños y una comida ligera y deliciosa. Creo que es el único tipo de burrito que como. Ahora que ya tolero el picante, le añado una singular salsa ahumada elaborada con mis chiles pasilla mixe favoritos. Espero que la combinación, mi preferida, responda a las expectativas de tus papilas gustativas.

SALEN 6

- 250 g (9 oz) de frijoles refritos (página 71)
- 50 ml (1 ¾ fl oz/3 cucharadas) de agua
- 120 g (4 oz) de machaca o carne seca en tiras
- 2 cucharadas de aceite
- 200 g (7 oz) de sofrito de cebolla (página 50)
- 3 jitomates maduros, troceados
- 6 huevos grandes, batidos
- 60 g (2 oz) de mantequilla fría
- 300 g (10 oz) de salsa de pasilla mixe (página 95)
- 6 tortillas de harina de trigo, caseras (página 62) o compradas

1. Pon los frijoles refritos y el agua en una cacerola a fuego medio y caliéntalos, revolviendo a menudo para que no se peguen.
2. Si usas carne seca en tiras, añádelas al vaso del procesador de alimentos y tritúralas finas. Es posible que eso tarde unos minutos.
3. Calienta el aceite en una sartén grande a fuego medio y fríe la carne un par de minutos hasta que se tueste un poco. Añade el sofrito de cebolla y cocínalos 6-8 minutos para que caramelice ligeramente. Añade los jitomates y cocínalo 3-4 minutos hasta que empiecen a desintegrarse. Reserva y mantenlo caliente mientras cocinas los huevos.
4. Vierte los huevos batidos en una sartén mediana y añade la mantequilla fría. Cuécelo a fuego medio unos 5 minutos, revolviendo con una espátula, hasta que los huevos queden esponjosos. Aleja la sartén del fuego de vez en cuando si se cuecen demasiado rápido. Añade los huevos a la mezcla de machaca y retira la sartén del fuego.

→

5. Precalienta el horno a 100 °C/80 °C con ventilador/210 °F/gas ¼.

6. Calienta una sartén antiadherente grande a fuego bajo o medio y calienta una tortilla 20-30 segundos por cada lado. Pasa la tortilla caliente a una tabla de cortar. Coloca una sexta parte de las frijoles formando una línea horizontal cruzando la tortilla, por debajo del centro. Encima, coloca una sexta parte de la machaca con huevo revuelto. Remata con una sexta parte de la salsa (si es para niños, puedes dejar la salsa aparte).

7. Dobla ambos lados de la tortilla hacia el centro, dejando un hueco sin cubrir en el medio. Ahora, con los pulgares, levanta la parte inferior de la tortilla para cubrir el relleno. Obtendrás una forma parecida a un sobre abierto. Sujetando la tortilla doblada con la mano, tráela hacia ti para redondearla. Enróllala creando un cilindro.

8. Mantén el burrito caliente en el horno mientras preparas el resto. También puedes tostarlos una vez enrollados en una sartén antiadherente.

CONSEJO: Puedes dividir los ingredientes si solo deseas preparar un par de burritos.

Molletes con pico de gallo

El queso red Leicester se colorea con semillas de achiote, un árbol mexicano. Cuando estas semillas se importaron de Centroamérica en el siglo XVIII, su intenso color y sabor las convirtió en un ingrediente alternativo a la zanahoria o el azafrán utilizados anteriormente. Me gusta usar red Leicester por esa conexión histórica.

Los molletes son un desayuno popular en las familias mexicanas. De hecho, son tan ricos que los comería a cualquier hora del día.

4 RACIONES

1 baguette
40 g (1 ½ oz) de mantequilla, ablandada
400 g (14 oz) de refrito de frijoles negros con aguacate (página 71)
400 g (14 oz) de queso red Leicester o cheddar, o una mezcla de ambos, rallado

PARA EL PICO DE GALLO

300 g (10 oz) de jitomates cereza, en cuartos
½ cucharadita de sal
jugo de 1 limón
1 cebolla morada pequeña, en láminas finas
2 chiles jalapeños, en rodajas finas
15 g (½ oz) de cilantro, picado

1. Precalienta el horno a 180 °C/160 °C con ventilador/350 °F/gas 4 y forra una bandeja de horno con papel vegetal.
2. Para empezar a preparar la salsa gruesa de pico de gallo, pon los jitomates cortados en un bol y sazónalos. Reserva. En otro bol pequeño, vierte el jugo de limón sobre la cebolla cortada y deja que desfleme (véase la página 44).
3. Para preparar los molletes, abre la baguette a lo largo. Retira la miga blanca para dejar espacio para el relleno. Unta el interior de la baguete con la mantequilla y colócalas sobre la bandeja de horno. Hornéalas 5 minutos para tostarlas.
4. Programa el gratinador del horno a potencia media, o precalienta una gratinadora con calor medio. Extiende el refrito de frijoles por el interior de la baguette y luego añade el queso. Gratínalo 5-7 minutos hasta que el queso se derrita y se dore un poco.
5. Mientras, termina la salsa pico de gallo. Añade la cebolla y el jugo de limón al bol de los jitomates y mézclalo, luego incorpora los jalapeños y el cilantro. Prueba y rectifica de sal.
6. Retira la baguette del horno o gratinadora. Extiende el pico de gallo por encima, luego corta la baguette en trozos y sirve enseguida.

Huevos motuleños

Originario de Yucatán, este plato brilla en los menús de los buenos restaurantes para desayunar en la Ciudad de México. No te asustes por la preparación que requiere: recuerda que la cocina mexicana es *slow food* por naturaleza. Si tienes los ingredientes básicos a punto en el refrigerador, se tarda poco en montarlo. A mí me gusta servirlo con lacón ahumado, pero queda igual de rico con tocino o dados de jamón ahumados, que es como se sirve en el pueblecito de Motul, en la península del Yucatán.

4 RACIONES

300 g (10 oz) de refrito de frijoles negros con aguacate (página 71)
600 g (1 lb 5 oz) de caldillo de jitomate (página 51)
25 g (1 oz) de puré de chipotle en adobo (página 82)
150 g (5 oz) de chícharos frescos o congelados
200 g (7 oz) de lacón ahumado desmenuzado (página 73) o 4 rebanadas de tocino ahumado
4 tortillas de maíz (página 57)
1 cucharada de aceite, y más para freír los huevos
20 g (¾ oz) de mantequilla
1 plátano macho bien maduro, pelado y en rodajas
4 huevos
150 g (5 oz) de queso fresco (página 67) o feta
cilantro picado fino, para decorar

1. Calienta el horno 140 °C/120 °C con ventilador/275 °F/gas 1.
2. Recalienta el refrito de frijoles y el caldillo de jitomate en cacerolas separadas. Si deseas un caldillo más picante, añádele puré de chipotle, al gusto.
3. Cocina los chícharos en agua hirviendo durante unos minutos, luego escúrrelos y mantenlos calientes. Recalienta el lacón con un poco de su jugo y mantenlo caliente, o fríe el tocino y mantenlo caliente.
4. Para las tostadas, unta las tortillas con aceite por ambos lados. Coloca una rejilla metálica sobre una bandeja de horno y coloca las tortillas encima. Hornea unos 15-20 minutos o hasta que se tuesten, dándoles la vuelta a media cocción.
5. Mientras, derrite la mantequilla en una sartén a fuego bajo y fríe el plátano durante unos 6 minutos o hasta que quede dorado por fuera y tierno por dentro. Resérvalo y mantenlo caliente.
6. Limpia la sartén, añade un poco del aceite y fríe los huevos un par de minutos.
7. Para servir, pon una tostada en cada plato, luego extiende frijoles refritos encima. Echa caldillo sobre los frijoles, cerciorándote de que cubres los bordes de las tostadas, luego remata con un huevo, lacón o tocino, y chícharos. Desmenuza el queso por encima y decora con cilantro. Sirve enseguida, antes de que las tostadas pierdan su textura crujiente.

Granola con amaranto

Me encanta jugar con las texturas, y esta granola las tiene todas. La horneo a dos temperaturas para conseguir una avena, semillas y almendras crujientes, y luego combinarlas con la esponjosidad del amaranto y la humedad de los arándanos.

SALEN 680 G (1 LB 8 OZ)

50 g (2 oz/4 cucharadas) de semillas de amaranto
200 g (7 oz/1 ½ taza) de avena
100 g (3 ½ oz/¾ de taza) de semillas de calabaza
70 g (2 ½ oz) de almendras enteras
50 g (2 oz) de aceite de coco, derretido
30 g (1 oz) de miel de agave oscura
100 ml (3 ½ fl oz/½ taza escasa) de jugo de manzana
180 g (6 ½ oz) de arándanos rojos

1. Precalienta el horno 140 °C/120 °C con ventilador/275 °F/gas 1. Forra una bandeja de horno con papel vegetal.
2. Primero, prepara el amaranto. Pon una sartén pequeña a fuego medio-alto. Cuando esté caliente, extiende la mitad de las semillas de amaranto sobre la base y espera a que salten –no tardarán–. Si no saltan, la sartén no está lo bastante caliente y debes limpiarla y empezar de nuevo. Cuando empiecen a saltar, sacude la sartén para que todas se hinchen y nada se queme. Retira las semillas hinchadas de la sartén y repite con el resto. Reserva.
3. Mezcla la avena, las semillas de calabaza, las almendras, el aceite de coco, el agave y el jugo de manzana.
4. Pasa la mezcla a la bandeja de horno y hornea 30 minutos, revolviendo cada 10 minutos. Luego baja la temperatura del horno a 100 °C/80 °C con ventilador/215 °F/gas ¼, y hornea 40 minutos más. Deja la bandeja en el horno, con la puerta entreabierta, hasta que la mezcla se enfríe del todo, unos 15 minutos.
5. Sácalo del horno e incorpora el amaranto y los arándanos, luego deja enfriar. Se conserva en un recipiente hermético durante semanas.

Avena de amaranto y coco

El amaranto es libre de gluten y rico en proteína, manganeso y magnesio. ¿Qué mejor para desayunar? Es un cultivo autóctono de México, usado por los aztecas como ofrenda a los dioses. Ahora vuelve a estar de moda y se le califica de superalimento. Sírvelo como avena, con los ingredientes de tu elección, como la compota de jamaica de la página 55 y la crujiente granola con amaranto (página anterior).

2 RACIONES

200 g (7 oz/1 taza) de semillas de amaranto
800 ml (28 fl oz/3 ¼ tazas) de agua de coco
un trozo de jengibre de 2 cm (½ in), pelado y rallado
2 estrellas de anís
½ ramita de canela
una pizca de sal

PARA SERVIR

compota de jamaica (página 55)
granola (página 138)
fruta seca, frutos secos y semillas a elegir

1. Añade todos los ingredientes a una olla mediana a fuego fuerte. Lleva a ebullición y baja el fuego para que cueza 35-40 minutos, revolviendo de vez en cuando para que nada se pegue. El amaranto quedará tierno y la mezcla adquirirá la consistencia de unas gachas. Añade un poco más de agua de coco si la prefieres más líquida.
2. Retira el anís y la canela, y sirve con los ingredientes elegidos.

COMIDA

En la Ciudad de México, el almuerzo, que en México se llama simplemente comida, es el alimento principal del día y se come hacia las 3. La ciudad entera se detiene durante un par de horas y prácticamente todos dejan su lugar de trabajo para comer. Las fondas de la ciudad sirven platos de estilo casero como parte del menú del día o comida corrida. La comida consiste en un entrante a base de sopa o pasta, seguido de un plato tradicional como albóndigas en salsa de chipotle, y un postre tipo pudin de arroz o flan. Siempre se acompaña de aguas frescas de tamarindo, horchata o jamaica o cualquier otra fruta de temporada. Los precios son muy asequibles; para muchos es lo que comerían en casa y la variación diaria del menú garantiza una comida saciante, variada y sustanciosa.

No puedo ir a la Ciudad de México sin ir a comer al menos un día al Contramar. Este restaurante sirve el pescado más fresco de las regiones costeras del país. Entre los platos, las típicas tostadas de atún, el pescado a la talla y muchas otras delicias. El ajetreo del comedor, la consistencia de la comida y el impecable servicio convierten cada visita en una gozada. Nunca decepciona.

Para mí, uno de los mejores sitios para comer es uno de los mercados de la ciudad. Con hileras e hileras de fruta y verduras, además de una excepcional variedad de piñatas para las fiestas infantiles, comer en el mercado es una inmersión cultural por sí misma. En nuestra última visita a Coyoacán, terminamos con una enorme piñata de un personaje de ficción que mi hijo Sebastian insistió en traer al Reino Unido, ¡y solo paramos para unas tostadas! Mis preferidas absolutas son las tostadas de manitas de cerdo, encurtidas y servidas con lechuga, crema y queso. Y no hay visita completa a un mercado mexicano sin un cóctel de camarón mexicano. Manos expertas lo preparan delante del cliente para comer en la barra este plato tan emblemático de la Ciudad de México como de cualquier lugar de la costa del país.

Sopa de tortilla

Una de las ventajas de la sopa de tortilla es su versatilidad. También llamada sopa azteca, puede convertirse fácilmente en una comida completa. La idea consiste en disponer los ingredientes adicionales en la mesa y que cada uno elija los que quiera. Como orientación, abajo tienes la lista de los tradicionales, pero pueden añadirse más tortillas fritas y chiles, o incluso más chicharrones.

4 RACIONES

300 ml (10 fl oz/1 ¼ tazas) de aceite vegetal, para freír
200 g (7 oz) de tortillas, compradas o caseras (página 57)
750 g (1 lb 10 oz) de caldillo de jitomate (página 51)
375 ml (12 ½ fl oz/1 ½ tazas) de caldo de pollo (página 72)
375 g (13 ¼ oz) de pollo cocido desmenuzado
35 g (1 ¼ oz) de puré de chipotle en adobo (página 82)

PARA DECORAR

1 aguacate, pelado, sin hueso y en daditos
100 g (3 ½ oz) de crema agria
100 g (3 ½ oz) de queso fresco (página 67) o feta
½ chile ancho seco, en rodajas muy finas
un puñado de hojas de cilantro

1. Calienta el aceite en una sartén a fuego medio-alto hasta que alcance 170 °C (340 °F).
2. Corta las tortillas en tiras de 1 cm (½ in) de ancho y 6 cm (2 ½ in) de largo. Fríelas en el aceite por tandas, luego déjalas escurrir sobre papel de cocina. Reserva.
3. En una olla a fuego medio, calienta el caldillo, el caldo de pollo y el pollo durante 10-15 minutos. Poco a poco, añade el puré de chipotle en adobo, probando al ir añadiéndolo, hasta conseguir el nivel de picante deseado.
4. Coloca unas tiras de tortilla fritas en el fondo de un plato de sopa y sirve la mezcla de caldillo encima. Decora con aguacate en dados, una cucharada de crema agria, queso fresco o feta, un poco de chile ancho, hojas de cilantro y unas tiras más de tortilla. Repite con el resto de los platos y sirve enseguida.

Ensalada de berros y rábano con amaranto

De niño, los rábanos no eran mi predilección. Pero he ido apreciando su sabor con los años, y he descubierto que casan a la perfección con un aderezo cítrico. Esta ensalada es particularmente simple y refrescante, y el amaranto le aporta un toque todavía más crujiente.

4 RACIONES

1 rábano sandía, en láminas finas cortadas con mandolina o cuchillo
10 rabanitos, partidos por la mitad o en cuartos
100 g (3 ½ oz) de berros
100 g (3 ½ oz) de arúgula (oruga)
1 aguacate, pelado, sin hueso y en láminas
150 g (5 oz) de jitomates cereza

PARA EL AMARANTO

20 g (¾ oz/ 1 ¾ cucharadas) de semillas de amaranto

PARA EL ADEREZO

100 ml (3 ½ fl oz/½ taza escasa) de jugo de toronja
50 ml (1 ¾ fl oz/3 cucharadas) de jugo de limón amarillo
1 ½ cucharadas de vinagre de manzana
½ cucharadita de miel
¼ de cucharadita de sal
150 ml (5 fl oz/⅔ taza escasa) de aceite de oliva virgen extra
10 g (½ oz) de hojas de menta, picadas finas

1. Primero, prepara el amaranto. Pon una sartén pequeña a fuego medio-alto. Cuando esté caliente, extiende la mitad de las semillas de amaranto sobre la base y espera a que salten –no tardarán. Si no saltan, la sartén no está lo bastante caliente y debes limpiarla y empezar de nuevo. Cuando empiecen a saltar, sacude la sartén para que todas se hinchen y nada se queme. Retira las semillas hinchadas de la sartén y repite con el resto. Reserva.
2. Para el aderezo, combina los jugos de cítricos con el vinagre, la miel y la sal en un bol o jarra y bate para mezclarlos. Poco a poco, añade el aceite de oliva, batiendo para que la mezcla emulsione. Reserva.
3. Reparte los rábanos, los berros, la arúgula, el aguacate y los jitomates entre 4 platos. Rocía cada plato con un poco de aderezo y decora con el amaranto. Sirve con el aderezo sobrante aparte.

Ensalada de tomate con aderezo de cacao y agave

Ideé esta ensalada con tomates verdes, pero resulta deliciosa también con jitomates, especialmente en verano, de variedades tradicionales multicolores comprados en los mercados. El aderezo es una sencilla mezcla de vinagre balsámico, miel de agave y nibs de cacao. Si lo dejas reposar unos días, los nibs de cacao sueltan su complejo sabor, como un licor añejo.

4 RACIONES

½ bulbo de hinojo pequeño
500 g (1 lb 2 oz) de jitomates criollos, de formas y tamaños variados
1 cucharadita de copos de chile ancho
aceite de oliva virgen extra, para aderezar
sal
hojas de cilantro, para decorar

PARA EL ADEREZO

100 ml (3 ½ fl oz/½ taza escasa) de vinagre balsámico
100 ml (3 ½ fl oz/½ taza escasa) de miel de agave oscura
6 cucharadas de nibs de cacao

1. Prepara el aderezo al menos un día antes. Mezcla el vinagre con la miel de agave y los nibs de cacao en un tarro, y déjalo reposar a temperatura ambiente.
2. Para hacer la ensalada, retira las hojas externas del hinojo, luego parte el bulbo por la mitad y retira la parte central. Córtalo en láminas finas, luego déjalo en remojo con agua fría durante 30 minutos. El agua fría hará el hinojo más crujiente.
3. Corta los jitomates en cuñas y los más pequeños en cuartos. Sazónalos y reserva. La sal propiciará que los jitomates suelten su jugo y su dulzor, y dejará que su ligera acidez complemente el aderezo.
4. Para montar la ensalada, pon los jitomates y su jugo en una fuente. Añade el hinojo y unas 3 cucharadas del aderezo. Revuelve con cuidado, luego adereza con aceite de oliva y espolvorea con los copos de chile y el cilantro. Sirve inmediatamente.

Cóctel de marisco

Es un clásico en marisquerías de la Ciudad de México, probablemente porque nos recuerda las vacaciones en la costa, por lo que degustarlo en la ciudad es un sueño culinario. Conserva la salsa en el refrigerador o con hielo y mezcla los ingredientes justo antes de servir.

4 RACIONES

2 cucharadas de sal
3 hojas de laurel
8 camarones grandes, enteros
8 callos de hacha de primera calidad
2 aguacates, pelados y sin hueso, 1 en láminas y 1 en dados
unas hojas de cilantro, para servir
tostadas (página 186) o galletas saladas, para servir

PARA LA SALSA CÓCTEL

200 g (7 oz/¾ de taza) de cátsup
½ cebolla morada, troceada fina
½ chile jalapeño, troceado fino
1 cucharadita de salsa inglesa
½ cucharadita de salsa Tabasco
3 ½ cucharadas de jugo de tomate
1 ¾ cucharadas de jugo de limón
3 ½ cucharadas de jugo de naranja
3-4 ramitas de cilantro, picado fino, y hojas enteras para decorar
una pizca de sal
una pizca de pimienta negra recién molida

1. Primero, prepara la salsa cóctel. Mezcla todos los ingredientes en un bol y reserva en el refrigerador hasta el momento de servir.
2. Lleva 2 litros (70 fl oz/8 tazas) de agua a ebullición en una olla grande y añade la sal y las hojas de laurel. Añade los camarones y deja cocer 3-4 minutos, según el tamaño.
3. Mientras, llena un bol grande con agua y cubitos de hielo. Cuando los camarones estén cocidos, escúrrelos y sumérgelos inmediatamente en el agua con hielo para detener la cocción. Escúrrelos de nuevo.
4. Pela los camarones, luego córtalos por la mitad a lo largo y retira los intestinos. Reserva 4 mitades para decorar, y trocea el resto. Corta los callos de hacha por la mitad horizontalmente, luego en cuartos.
5. Pon los camarones troceados, los callos de hacha troceados y la salsa cóctel en un bol y mézclalos. Añade el aguacate en dados y revuelve con cuidado para no romperlo. Prueba y rectifica de condimento.
6. Reparte la mezcla entre 4 copas y decora cada una con láminas de aguacate, hojas de cilantro y medio camarón. Sirve con tostadas o galletas saladas.

Sopa de lentejas con plátano macho y panceta

Esta es una sopa sencilla y saludable que le encantará a tus hijos. Me recuerda a casa y me traslada a mis primeros recuerdos de comida reconfortante. El dulzor del plátano frito y el gusto ahumado de la panceta potencian el sabor a tierra de las lentejas. El toque final de mi abuela Carmela era perejil picado y pico de gallo bien fino.

4 RACIONES

200 g (7 oz/1 taza) de lentejas
2 hojas de laurel
2 dientes de ajo, pelados
1 cebolla, en cuartos
800 ml (28 fl oz/3 ¼ tazas) de agua
2 cucharadas de aceite de oliva
35 g (1 ¼ oz) de mojo de ajo (página 49)
500 ml (17 fl oz/ 2 tazas) de caldillo de jitomate (página 51)
un manojito de perejil, picado
¾ de cucharadita de sal
20 g (¾ oz) de mantequilla
1 plátano macho, pelado y troceado
150 g (5 oz) de panceta o tocino ahumado, en dados
pico de gallo (página 133), opcional

1. Pon las lentejas, el laurel, los ajos y una cuarta parte de la cebolla en una cacerola. Añade 600 ml (20 fl oz/2 ½ tazas) de agua y 1 cucharada del aceite de oliva. Lleva a ebullición y deja cocer 15 minutos hasta que las lentejas queden tiernas y el agua se absorba.
2. Mientras, corta en láminas finas el resto de la cebolla. Calienta el resto del aceite en otra cacerola a fuego bajo. Añade el mojo de ajo y la cebolla y cocínalos 10 minutos, luego añade el caldillo de jitomate y lleva a ebullición.
3. Retira el cuarto de cebolla y los dientes de ajo de las lentejas. Incorpora la mezcla de caldillo, junto con la mitad del perejil y 200 ml (7 fl oz/1 taza escasa) de agua. Deja cocer 10 minutos y luego añade la sal. Prueba y rectifica de sal.
4. Prepara la guarnición justo antes de servir. Derrite la mantequilla en una sartén mediana a fuego bajo, luego añade el plátano y fríelo durante 6 minutos hasta que quede tierno y algo caramelizado. Retíralo de la sartén y mantenlo caliente. Con la sartén en el fuego, añade la panceta o el tocino y fríelos 3-4 minutos.
5. Sirve la sopa con el plátano, la panceta y el resto del perejil, y, si quieres, con pico de gallo, como mi abuela.

Enchiladas de flor de jamaica

Cuando te acostumbres a preparar esta salsa para enchiladas, puedes probarla con distintos tipos de chiles. Personalmente, me encanta el sabor del chipotle meco del estado de Puebla. Posee una singular textura y sabor ahumado. La bodega de Nueva York donde solía hacer la compra –Mi Barrio, en Bushwick–, satisfacía de forma genuina la demanda de productos de Puebla en la ciudad. No es raro que mexicanos y neoyorquinos la llamen Puebla York: allí, la población originaria de Puebla es tan grande como su influencia culinaria.

2 RACIONES

¼ de cebolla morada, en láminas finas
6 tortillas, compradas o caseras (página 57)
aceite, para untar
1 tanda de relleno de flor de jamaica (página 176)
180 g (6 ½ oz) de queso fresco (página 67)
hojas de cilantro, para decorar

PARA LA SALSA

500 g (1 lb 2 oz) de jitomates
1 cebolla grande, en cuartos
3 chiles jalapeños rojos o verdes
8 dientes de ajo, pelados
150 ml (5 fl oz/⅔ taza escasa) de agua
1 cucharada de aceite
100 g (3 ½ oz) de crema (página 65)
¾ de cucharadita de sal

1. Pon la cebolla laminada en un bol pequeño con agua fría y resérvala.
2. Para preparar la salsa, pon el comal o una sartén grande de base gruesa a fuego medio-alto y añade los jitomates, la cebolla, los jalapeños y el ajo. Ásalos por espacio de 20-30 minutos hasta que se tuesten y ablanden. Otra opción es asar los vegetales en el horno precalentado a 200 °C/180 °C con ventilador/400 °F/gas 6, durante 30-40 minutos. Deja enfriar y luego añádelos al vaso de la licuadora. Agrega el agua y tritúralo todo bien.
3. Precalienta el horno 100 °C/80 °C con ventilador/210 °F/gas ¼.
4. Calienta el aceite en una cacerola mediana. Añade los vegetales triturados y cocínalos 10-15 minutos para que reduzcan ligeramente. Incorpora la crema y la sal, y deja cocer 5 minutos, revolviendo sin parar. Prueba y rectifica de sal. Mantén la salsa caliente mientras preparas las quesadillas.
5. Calienta una sartén grande a fuego bajo-medio. Pinta las tortillas con aceite. Fríe la primera tortilla 30 segundos por cada lado hasta que se ablande y sea moldeable. Cubre la mitad de la tortilla con unos 30 g (1 oz) de relleno de flor de jamaica, luego dispón unos 15 g (½ oz) de queso fresco encima. Dobla la tortilla y fríela 2-3 minutos por cada lado hasta que el queso se ablande y la tortilla esté crujiente. Pásala a una fuente apta para el horno para mantenerla caliente mientras sigues preparando las otras.
6. Sirve tres quesadillas en cada plato y cúbrelas con una buena cantidad de salsa cremosa. Escurre la cebolla y espárcela sobre las quesadillas, junto con unas hojas de cilantro.
7. Sirve inmediatamente.

Tacos de pescado estilo Baja

Es un clásico de Baja California que ahora se encuentra en cualquier parte del país, desde Ensenada hasta Tulum, y cada vez más restaurantes de todo el mundo replican estos tacos en sus menús. Como las tortillas de maíz no contienen gluten, deseaba crear un taco de pescado completamente libre de gluten. La harina y la cerveza sin gluten, además del tequila o el vodka, favorecen un filete de pescado frito especialmente crujiente y vaporoso.

Para la ensalada, utilizo chayote, conocido como *chow chow* en la cocina asiática. Fresca y crujiente, es una receta de la que no te vas a cansar. Aunque, si te apetece variar, prueba a sustituir la mayonesa de chipotle por la de jalapeño y limón (página 186) o, mejor aún –mi preferida– por salsa de tamarindo (página 190).

SALEN 12

1 litro (34 fl oz/4 tazas) de aceite, para freír
600 g (1 lb 5 oz) de filetes de tilapia
12 tortillas

PARA EL REBOZADO

150 g (5 oz/1 taza más 2 cucharadas) de harina sin gluten, más 50 g (2 oz/½ taza escasa) para recubrir
½ cucharadita de levadura en polvo
½ cucharadita de orégano seco
½ cucharadita de sal
1 cucharadita de mostaza Dijon
1 cucharada de aceite vegetal
1 cucharada de tequila (o vodka)
unos 150 ml (5 fl oz/⅔ de taza escasa) de cerveza sin gluten

PARA EL PICO DE GALLO

120 g (4 oz) de jitomates, sin semillas y picados finos
30 g (1 oz) de cebolla morada, picada fina
20 g (¾ oz) de chiles jalapeños verdes, picados
10 g (½ oz) de cilantro, picado fino
7 g (¼ oz) de hojas de menta, picadas finas

PARA LA ENSALADA DE COL

120 g (4 oz) de col morada, en rodajas finas
120 g (4 oz) de chayote o pepino, en bastoncitos
jugo de 1 limón amarillo
sal, al gusto

PARA LA MAYONESA DE CHIPOTLE

200 g (7 oz/1 taza) de mayonesa
50 g (2 oz) de puré de chipotle en adobo (página 82)
jugo de ½ de limón

1. Empieza preparando el rebozado. Combina todos los ingredientes en un bol y bátelos bien. Debe quedar una consistencia como de crema líquida: añade más cerveza si hace falta. Reserva.
2. Prepara los ingredientes para el pico de gallo y mézclalos en una fuente. Reserva.
3. Prepara las verduras para la ensalada de col, pero en boles separados para mezclarlas en el último momento. Combina los ingredientes de la mayonesa de chipotle y reserva.
4. Para cocinar el pescado, calienta el aceite en una sartén grande hasta que alcance 180 °C (350 °F). Precalienta el horno a 120 °C/100 °C con ventilador/250 °F/gas ½.
5. Corta el pescado en diagonal en filetes delgados de unos 50 g (2 oz). Coloca la harina adicional en un plato y recubre ligeramente cada filete con ella, luego pásalos por el rebozado antes de freírlos en aceite 2-3 minutos. Puedes freír 4 filetes al mismo tiempo. Retíralos del aceite y escúrrelos sobre papel de cocina. Mantenlos calientes en el horno mientras fríes el resto.
6. Antes de servir, recalienta las tortillas en una sartén, ligeramente untadas en aceite. Mezcla los ingredientes para la ensalada de col y condimenta con sal y limón amarillo.
7. Coloca los filetes de pescado, las tortillas, la ensalada de col, el pico de gallo y la mayonesa de chipotle en la mesa para que cada cual monte sus tacos. En una tortilla, pon ensalada, un filete de pescado y una cucharada de mayonesa, y decora con pico de gallo. ¡Buen provecho!

Tacos dorados con mole «en chinga»

«En chinga» es una expresión mexicana que significa «rápido». Si bien es cierto que podría considerarse malsonante, ir con prisas es básicamente una forma de vida en México. La historia sobre su origen es complicada y prefiero dejarla para otro libro, ya que incluso en México es motivo de controversia. La palabra *chinga* puede emplearse como verbo, sustantivo o adjetivo, y servir para animar o expresar algo trágico. En *El laberinto de la soledad*, Octavio Paz la describe como un término de «mágica ambigüedad». En este caso, lo utilizo para expresar que esta es probablemente la manera más rápida de reproducir los sabores del mole tradicional en casa casi desde cero. En chinga. Y acerca de los plátanos: es imprescindible que estén muy maduros.

Preparar mole tradicional, con todas sus versiones, influencias y orígenes, es un largo trabajo de amor: días y días asando, tostando, friendo, moliendo y cocinando: un buen ejemplo de *slow food* y tradición familiar. Si hay mole, significa que la ocasión es especial. Esta receta ofrece una versión rápida de mole para hacerla en casa una tarde, con mantequillas de frutos secos y tahina para acelerar el proceso y obtener un mole suavísimo con el equilibrio de sabores adecuado. Es importante utilizar un buen chocolate cien por ciento cacao sin edulcorantes, un ingrediente tan complejo como cualquier especia. Este mole puede prepararse con antelación, y sale el doble de cantidad necesaria para los tacos dorados. Puedes aprovechar la otra mitad para unos chilaquiles, tamales o como salsa para pollo hervido. Se conserva bien hasta una semana y se puede congelar.

4 RACIONES

PARA EL MOLE

30 g (1 oz) de chiles pasilla mixe, limpios y sin semillas
10 g (¼ oz) de chiles anchos, limpios y sin semillas
½ ramita de canela, troceada
2 clavos de olor
2 estrellas de anís
2 jitomates grandes
½ cebolla blanca
4 dientes de ajo, pelados
1 cucharada de mantequilla
1 plátano macho bien maduro, pelado y troceado
90 g (3 ¼ oz) de pasas
2 cucharadas de tahina blanca o negra
2 cucharadas de mantequilla de cacahuete
2 cucharadas de mantequilla de almendras
45 g (1 ½ oz) de chocolate negro cien por ciento cacao, sin edulcorantes, picado
2 cucharadas de aceite de semilla de uva o vegetal
azúcar moreno, al gusto
sal marina

PARA LOS TACOS DORADOS

100 g (3 ½ oz) de sofrito de cebolla (página 50)
400 g (14 oz) de pollo cocido
20 tortillas (12 cm/4 ½ in de diámetro), compradas o caseras (página 57)
6 cucharadas de aceite de semilla de uva o vegetal, y más para untar las tortillas

PARA DECORAR

4 cucharadas generosas de crema (página 65)
2 cucharadas de ajonjolí, tostado
1 cebolla morada pequeña, en láminas finas

Necesitarás 20 palillos

1. Empieza preparando el mole. Calienta un comal o sartén antiadherente de base gruesa a fuego medio-alto y tuesta los chiles 30 segundos por cada lado hasta que los notes moldeables. Pon los chiles en un bol y cúbrelos con 500 ml (17 fl oz/2 tazas) de agua hirviendo. Déjalos 1 hora en remojo.

2. Mientras, en la misma sartén, tuesta la canela, el clavo y el anís durante 30 segundos, luego reserva.

3. Con la sartén en el fuego, añade los jitomates, la cebolla y el ajo, y cocínalos 30-35 minutos hasta que se sofrían y ablanden. Otra opción es asar los vegetales en el horno precalentado a 200 °C/180 °C con ventilador/400 °F/gas 6, durante 30-40 minutos. Retíralos del comal o el horno y deja enfriar. Yo suelo desglasar el comal con 50 ml (1 ¾ fl oz/3 cucharadas) de agua para conseguir un sabor más intenso y ahumado.

4. Derrite la mantequilla en una sartén pequeña a fuego medio. Añade el plátano y fríelo 6-7 minutos para que caramelice. Pásalo a un plato y reserva. Añade las pasas a la sartén y cocínalas un par de minutos hasta que se hinchen. Reserva.

5. Pon los jitomates y el ajo en el vaso de la licuadora, junto con los jugos de la sartén. Añade los chiles y el agua de remojo, más la canela, clavos y anís. Tritúralo bien. Agrega el plátano, las pasas, la tahina, la mantequilla de cacahuete y la de almendras, y el chocolate, y tritura de nuevo. Si el vaso de la licuadora no es lo bastante grande, hazlo por tandas.

6. Calienta el aceite en una sartén y sofríe el mole a fuego bajo-medio durante 15-20 minutos hasta que espese pero no demasiado. Prueba y rectifica de azúcar o sal para equilibrar el dulzor, picante y sabor ahumado de la salsa.

7. Precalienta el horno 100 °C/80 °C con ventilador/210 °F/gas ¼. Añade la cebolla laminada a un bol pequeño con agua fría y resérvala.

8. Calienta una sartén grande a fuego bajo y pasa el sofrito de cebolla hasta que burbujee. Añade el pollo y cocínalo 5-7 minutos, revolviendo, hasta que se mezcle y se caliente. Reserva.

9. Limpia la sartén y devuélvela al fuego. Pinta las tortillas con aceite y caliéntalas por tandas hasta que queden moldeables. Rápidamente, rellena cada tortilla con 25 g (1 oz) de pollo, luego dóblala en forma de taco y ciérrala con un palillo a lo largo: así podrás freírlas sin que se desmonten.

10. Una vez rellenas todas, calienta 3 cucharadas de aceite en una sartén grande y fríe la mitad de los tacos un par de minutos por cada lado. Pásalos a una fuente apta para el horno y mantenlos calientes en el horno mientras fríes el resto de los tacos con las 3 cucharadas de aceite restantes. Ya tienes tus tacos de pollo dorados.

11. Para servir, escurre la cebolla, luego coloca 5 tacos en cada plato, vierte un poco de mole encima y decora con una cucharada de crema, ajonjolí tostado y cebolla morada. Asegúrate de dejar muchas servilletas a mano, ya que estos deliciosos tacos ensucian mucho.

Tacos de lengua de res

Esta es una de mis variedades de tacos favoritas. La que más echo de menos cuando no estoy en la Ciudad de México y la que preparo más en casa, porque a Natalie también le encantan. Siguen siendo de los platos especiales más vendidos en el Santo Remedio.

Mi madre prepara la lengua de res en filetes a la plancha acompañados de pipián verde (página 240), probablemente el plato preferido de mi padre –un plato muy de mi familia.

Cocinar lengua de res requiere paciencia, cariño y práctica; pídela al carnicero con antelación y compra de la mejor calidad.

PARA 20 TACOS

20 tortillas de maíz, compradas o caseras (página 56)
1 cucharada de aceite de semilla de uva o vegetal
4 limones, cortados en cuñas
hojas de cilantro, troceadas, para decorar
cebolla morada, picada, para decorar
salsa verde cruda (página 88) y/o salsa de árbol (página 92), para servir

PARA LA LENGUA DE RES

1 lengua de res entera (alrededor de 1 kg/2 lb 3 oz), lavada y limpia
300 g (10 ½ oz) de sal de roca
6 hojas de laurel
2 cebollas moradas, cortadas por la mitad
1 cucharada de aceite de semilla de uva o vegetal
jugo de ½ limón
1 cucharadita de sal marina
pimienta negra recién molida

1. Cubre la lengua de res con unos 3 litros (101 fl oz/12 tazas) de agua fría. Húndela bajo el peso de un plato para que quede sumergida. Déjala en remojo 24 horas en el refrigerador, cambiando el agua y el plato unas cuatro veces.
2. Mezcla la sal de roca con 3 litros más (101 fl oz/12 tazas) de agua en una olla. Lleva a ebullición, removiendo continuamente hasta que se disuelva la sal. Retira del fuego y deja enfriar.
3. Escurre y aclara la lengua de res. Guárdala toda la noche en el agua salada preparada, bien sumergida, dentro del refrigerador.
4. Al día siguiente, aclárala y colócala en una olla grande. Cúbrela con agua fría y lleva a ebullición. En cuanto alcance ese punto, baja el fuego, añade las hojas de laurel y las cebollas y deja cocer a fuego lento 3-4 horas. Estará lista cuando se pueda introducir fácilmente un cuchillo en la carne. Retira del fuego y deja enfriar.
5. Cuando ya se pueda manipular, retira toda la piel. Hazlo mientras aún esté templada y tira de la piel con cuidado para evitar dañar la carne al tirar demasiado rápido. Es casi imposible hacerlo cuando la lengua se haya enfriado.
6. Corta la lengua en filetes y luego en dados de 1 cm (½ in).
7. En una cacerola a fuego medio-alto calienta y fríe los dados de carne hasta que empiecen a dorarse, unos 5 minutos. Condimenta con el limón, sal y pimienta, revolviendo constantemente. Prueba y rectifica de condimentos y acaba de freír la carne.
8. Antes de servir, recalienta las tortillas en una sartén, ligeramente untadas en aceite.
9. Sirve la lengua de res sobre las tortillas calientes con los limones, el cilantro y la cebolla para decorar, junto con la salsa elegida. A mí me encanta mezclar salsa verde cruda con unas gotas de salsa de árbol, pero Natalie prefiere la salsa verde cruda sola.

30

Tacos de canasta

En Ciudad de México, una canasta forrada con una bolsa azul es sinónimo de tacos de canasta, también llamados tacos sudados. Es tradicional conservarlos en una bolsa de plástico azul donde se cuecen con su propio vapor. Al añadirles un adobo de aceite y envolverlos enseguida, quedan blandos, «sudados» y algo aceitosos, pero deliciosos. Una de las muchas historias sobre su origen cuenta que se inventaron a mediados del siglo pasado en San Vicente, en el estado de Tlaxcala: capital de los tacos de canasta. Son baratos y muy populares, y estudiantes, oficinistas y funcionarios los comen como una opción rápida en la calle. Una de las estampas icónicas de la Ciudad de México son los taqueros, vendedores en bicicleta cargada con una enorme cesta forrada de plástico azul y llena de tacos, con condimentos atados al manillar: habitualmente un viejo tarro de mayonesa lleno de salsa verde y otro de escabeche o cebolla encurtida.

Muchos chilangos dirían que, sin la cesta y la bolsa de plástico, no son tacos auténticos. Puedo estar de acuerdo, aunque se puede copiar el efecto en casa cociendo los tacos al vapor en bolsas de plástico (¡color a elegir!). Mi pequeño Sebastian está en contra del uso de bolsas de plástico, de modo que en casa uso láminas de tela encerada, donde caben media docena de tacos.

Son los preferidos de mis hijos, y una opción fácil y rápida para la cena o la comida, ya que no es necesario preparar los tres rellenos cada vez. El relleno preferido de mi hija Cecilia son los frijoles, y el mío siempre ha sido el de chicharrón prensado. Como estoy a casi 7.000 kilómetros de la Ciudad de México, creo que esta receta es una alternativa rápida y práctica.

PARA 12 TACOS

12 tortillas, compradas o caseras (página 57)
1 cucharada de aceite de semilla de uva o vegetal
1 cucharadita de adobo de guajillo (página 89)

PARA LAS PAPAS CON CHORIZO
2 cucharadas de aceite
500 g (1 lb 2 oz) de papas, peladas y en dados
150 g (5 oz) de chorizo para cocinar, sin piel y troceado

PARA LOS FRIJOLES
350 g (12 oz) de refrito de frijoles negros con aguacate (página 71)
50 g (2 oz) de queso feta

PARA EL CHICHARRÓN PRENSADO
160 g (5 ¾ oz) de chicharrón de cerdo de calidad
8 cucharaditas de adobo de guajillo (página 89)
jugo de 1 limón
20 hojas de menta, troceadas

PARA DECORAR
1 cebolla pequeña, en láminas finas
1 tanda de aderezo de naranja para la ensalada de col (página 223)
1 jalapeño, sin tallo, limpio y sin semillas, cortado en tiras
chiles en escabeche (página 46)

1. Deja las láminas de cebolla en el aderezo de naranja para que marinen mientras preparas los rellenos.
2. Para las papas con chorizo, calienta el aceite en una sartén a fuego medio-alto y añade las papas. Fríelas 15 minutos y luego añade el chorizo y cocínalo 5 minutos más. Aplasta un poco la mezcla, dejando que el aceite que suelta el chorizo se penetre en las papas. Sazona al gusto y mantenlo caliente en la sartén.
3. Para los frijoles, simplemente ponlos en un cazo a fuego lento para que se calienten, añadiendo un poco de agua si se quedan secos. Reserva en el cazo para que mantengan el calor.
4. Mientras, pica la mitad del chicharrón de cerdo y trocea la otra mitad. Añade la corteza picada y troceada a una sartén mediana a fuego medio. Añade el adobo y deja cocer 5 minutos hasta que suelte su aroma. Agrega la mitad del jugo de limón y la menta. Prueba y añade más jugo de limón si hace falta. Reserva en el cazo para que mantenga el calor.
5. Cuando tengas todos los rellenos listos, mezcla el adobo de guajillo con el aceite vegetal y pinta las tortillas con él. Calienta las tortillas en una sartén antiadherente grande a fuego medio, cada una 30 segundos hasta que se ablanden.
6. Reparte los rellenos entre las tortillas: hay bastante para 4 tortillas de cada uno. Esparce feta sobre las tortillas de frijoles y envuélvelas formando tacos. Cuando todas estén rellenas y envueltas, introdúcelas en una bolsa de plástico o papel para mantenerlas calientes y «sudadas». Sírvelas con la cebolla marinada, las tiras de chile y los chiles en escabeche: como se hace en la Ciudad de México.

Pambazo

Con este nombre se conoce uno de los sándwiches más deliciosos. La mejor comida de calle; una explosión de sabor en la boca, ¡y en las manos! Necesitarás unas cuantas servilletas de papel. El pambazo es singular por el pan rojo de telera, frito en adobo de guajillo. Me encanta servir este sándwich con sobras de papas asadas, chorizo y crema de chipotle. Es algo elaborado, pero no te arrepentirás.

SALEN 8

8 cucharadas de crema (página 65)
2 cucharadas de puré de chipotle en adobo (página 82)
2 cucharadas de mantequilla
400 g (14 oz) de papas asadas, aplastadas
8 choricitos, abiertos a lo largo
8 teleras (página 63)
100 g (3 ½ oz) de adobo de guajillo (página 89)
3 cucharadas de aceite
200 g (7 oz) de queso cheddar o Monterey Jack, rallado
100 g (3 ½ oz) de lechuga, troceada
120 g (4 oz) de cebolla morada (página 52)

1. En un bol, mezcla la crema con el puré de chipotle en adobo. Reserva.
2. Derrite la mantequilla en una sartén a fuego bajo, luego añade las papas y caliéntalas. Resérvalas y mantenlas calientes. Con la sartén en el fuego, añade los choricitos, con la parte abierta hacia abajo, y cocínalos 5 minutos por este lado y luego 5 minutos por el otro.
3. Mientras, unta las teleras con el adobo de guajillo. Calienta aceite en otra sartén a fuego medio y fríe las teleras 1 minuto por cada lado hasta que queden tostadas y tiernas. Hazlo por tandas, de cuatro en cuatro. Reserva y cuando ya no quemen, ábrelas por la mitad con un cuchillo de pan.
4. Precalienta el gratinador a potencia media y forra una bandeja de horno con papel de aluminio.
5. Coloca 50 g (2 oz) de papas en cada telera, un choricito encima y 25 g (1 oz) de queso. Colócalos todos en la bandeja preparada y gratínalos 2-3 minutos para que el queso se funda.
6. Pon las teleras en una bandeja calentada y añade la lechuga y la cebolla morada sobre el queso. Unta con crema de chipotle la otra mitad del pan y presiona ligeramente cada pambazo. Sírvelos enseguida, aún calientes.

AMOR
LLÉVALO
PUESTO
Super
EMILIANO ZAPATA, A.C.
ORGANIZACIÓN NACIONAL POPULAR
DE INVIDENTES Y VIDENTES
CALLE VENUSTIANO CARRANZA No. 122
COL. CENTRO CD.MX. C.P. 06060
TEL. 55 22 31 96
CEL. 044 55 2192 8880
zapataemiliano122@gmail.com

Cubanas
PARA TI QUE ATIENDES EN TU NEGOCIO

ANTOJITOS

En la Ciudad de México, se ofrecen tentempiés por las calles a quienes tienen poco tiempo para picar algo entre horas, pero también en lugares de reunión social, como la salida de las iglesias o los parques. De niño, la asistencia semanal a misa con la familia era una hora que dedicaba a soñar con lo que iba a pedir a los vendedores que esperaban fuera. ¿Sería una quesadilla con chicharrón, una empanada de pollo tinga o unos sopes con frijoles negros y chorizo? Con estos dilemas infantiles, no había tiempo para dedicar aquella hora a contemplar nada más existencial ni esotérico.

Mi lugar preferido para pasar la tarde era disfrutando típicos tentempiés mexicanos en plazas como la de San Ángel. Aquí se puede pasear el sábado por la tarde tomando algo mientras escuchas a los músicos de la calle o admiras las piezas artísticas que se venden en la plaza, antes de pasar un rato en el Bazar del Sábado, donde se vende artesanía, joyas de plata de la ciudad minera de Taxco y bellas alfombras tejidas a mano. Mi merienda preferida son los esquites, granos de elote cocidos al carbón o hervidos con epazote y chiles de árbol, y servidos con mayonesa, limón, chile y queso. No hay merienda más mexicana.

Con miles de vendedores por todas partes, uno puede detenerse a tomar algo en casi cualquier esquina de la ciudad. Antes de la pandemia de covid-19, existían 10.000 puestos en México donde se vendían únicamente tacos o tortas. El olor a quesadillas, tacos y otros antojitos mexicanos flota en el aire y resulta imposible resistirse –como los vendedores, con sus puestos sabiamente montados para tentar a los transeúntes en una ciudad donde la competencia es feroz.

La iluminación, los carteles coloridos pintados a mano y el humo y aroma de la carne cocinándose hacen inevitable una parada, ¡aunque no tengas hambre! Las calles de esta ciudad forman un verdadero bufé a gran escala.

Los antojitos mexicanos se comen con las manos, sin cubiertos, como en la época prehispánica. Para mí, existe una mayor conexión con la tierra cuando se come con los dedos. El paraíso.

Enchiladas de flor de jamaica

No todas las flores de jamaica son comestibles. La jamaica *sabdariffa*, también denominada Roselle, es la variedad tradicionalmente empleada en la cocina. En realidad, son los cálices y no las flores los que se secan y se usan para elaborar el agua de jamaica, bebidas y té. En mi cocina, no se desperdicia nada, de modo que, una vez usados para infusión, aprovecho los cálices como relleno para quesadillas o enchiladas. No se trata de un relleno tradicional, pero resulta delicioso, y es una opción crujiente e interesante para una quesadilla vegetariana sencilla y de aprovechamiento.

Podrías pensar que todas las quesadillas se rellenan con queso, aunque no es el caso en la capital de México. Sigue siendo un debate cultural y urbano entre consumidores y puristas, por lo que la confusión es normal. Al visitar un puesto de quesadillas en la Ciudad de México, prepárate para la pregunta, «¿Con o sin queso, joven?». Te la harán después de elegir entre una enorme variedad de guisados (rellenos), como chicharrón prensado, huitlacoche, hongos o flor de calabaza, entre otros muchos. Técnicamente puedes pedir una con chicharrón prensado y queso y otra sin queso, y ambas se consideran quesadillas. *Joven* es una palabra genérica que designa a cualquier hombre en la Ciudad de México, independientemente de su edad.

4 RACIONES

12 tortillas de maíz o trigo (12 cm/4 ½ in de diámetro), compradas o caseras (páginas 57 y 62)
180 g (6 ½ oz) de queso Oaxaca, Monterey Jack o mozzarella, rallado (opcional)

PARA EL RELLENO DE FLOR DE JAMAICA

30 g (1 oz) de mojo de ajo (página 49)
2 cucharadas de aceite de semilla de uva o vegetal
100 g (3 ½ oz) de sofrito de cebolla (página 50)
240 g (8 ½ oz) de flores de jamaica cocidas (página 55)
40 g (1 ½ oz) de puré de chipotle en adobo (página 82)
60 g (2 oz) de caldillo de jitomate (página 51)
1 cucharadita de sal
una pizca de pimienta blanca molida

1. Para el relleno, calienta el mojo de ajo y el aceite en una sartén a fuego medio durante un par de minutos. Añade el sofrito de cebolla y las flores, y cocínalos 5 minutos, luego añade el puré de chipotle en adobo y sofríelo 2 minutos más. Finalmente, agrega el caldillo y deja cocer hasta que reduzca. Incorpora la sal y la pimienta y mantenlo todo caliente.

Si usas tortillas frescas

Prepara las tortillas y cocínalas en un comal o sartén antiadherente de base gruesa. Cuando la tortilla esté parcialmente cocida, añade el relleno de jamaica (o el que prefieras), luego añade el queso (si usas) y dobla la tortilla. Déjala un poco más para que se funda el queso, dándole la vuelta de vez en cuando, hasta que la masa de la tortilla se cocine del todo.

Si usas tortillas compradas

Calienta una sartén antiadherente grande a fuego bajo-medio. Recalienta las tortillas por ambos lados hasta que se ablanden lo bastante para doblarlas sin que se rompan. Añade el relleno y el queso, luego dóblalas y cocínalas, dándoles la vuelta, hasta que se funda el queso. Las quesadillas pueden ser blanditas o algo crujientes. Como los chilaquiles, yo las prefiero crujientes.

Esquites

Este es uno de mis tentempiés preferidos cuando estoy en la Ciudad de México y quiero algo rápido y saludable. Tradicionalmente, los elotes y esquites se venden en el exterior de iglesias y parques, donde se congregan grandes grupos. Mis favoritos, como siempre, son los cocidos al carbón: imagina una pequeña parrilla tipo *robata* enganchada a un carrito. Puedes preparar esta receta en tu cocina, pero si tienes barbacoa, el maíz cocinado en ella adquirirá un sabor ahumado maravilloso. Remanga las hojas y retira los hilos de las mazorcas, luego recoloca las hojas y ásalas a la barbacoa 30-40 minutos, dándoles la vuelta.

4 RACIONES

4 elotes, sin hojas ni hilos
1 litro (34 fl oz/4 tazas) de agua
1 cebolla, partida por la mitad
1 chile de árbol
30 g (1 oz) de cilantro
4 hojas de laurel
20 g (¾ oz) de mojo de ajo (página 49)
1 cucharada de aceite de semilla de uva o vegetal
¼ de cucharadita de orégano mexicano
¼ de cucharadita de sal

PARA DECORAR

120 g (4 oz/½ taza generosa) de mayonesa o mayonesa de chipotle (página 155)
20 g (¾ oz) de queso cotija (o pecorino), rallado
piquín en polvo o chile molido en polvo

1. Precalienta el gratinador a potencia máxima y forra una bandeja de horno con papel de aluminio.
2. Corta la base de cada mazorca y colócalas en la bandeja. Gratínalas 20-30 minutos, girándolas a menudo, hasta que se tuesten por todos lados. Deja que se templen.
3. Para desprender los granos de elote, coloca la mazorca sobre la base y con un cuchillo corta de arriba abajo lo más cerca posible del centro. Reserva.
4. Añade las partes centrales leñosas a una olla mediana, cúbrelas con el agua y lleva a ebullición a fuego fuerte. Agrega la cebolla, el chile, el cilantro y el laurel. Baja la potencia del fuego y deja cocer, sin tapar, unos 45 minutos o hasta que reduzca dos tercios.
5. Cuando el caldo esté listo, calienta el mojo de ajo con el aceite en una sartén mediana a fuego medio. Añade los granos de elote y fríelos 5 minutos. Agrega 150 ml (5 fl oz/⅔ taza escasa) del caldo, junto con el orégano y la sal. Sofríe 5 minutos más o hasta que el caldo quede absorbido y el maíz se vea lustroso.
6. Reparte la mezcla entre cuatro boles, luego añade mayonesa, queso y una pizca de piquín o chile en polvo.

Queso fundido con rajas y chorizo

Tardé mucho en dar con la combinación perfecta de quesos para esta receta. Quería usar alguna variedad de queso producida en las islas británicas y a la vez mantener la textura cremosa y elástica del clásico queso fundido mexicano. El resultado me satisface, con la introducción del Coolea, un queso irlandés parecido al gouda que elaboran en la zona de Cork y presenta un sabor dulce. Prepara muchos totopos y disfruta del queso fundido como debe ser: caliente y burbujeante, salido del horno.

4-6 RACIONES

190 g (6 ¾ oz) de queso Cheddar, rallado
190 g (6 ¾ oz) de queso Coolea, rallado
250 g (9 oz) de queso Monterey Jack, rallado
1 cucharada de aceite
1 chile poblano o 60 g (2 oz) de pimientos del Padrón, limpios, sin semillas y en tiras finas
1 chorizo, pelado y desmenuzado
totopos (página 65), para servir

1. Precalienta el horno 190 °C/170 °C con ventilador/375 °F/gas 5.
2. Pon todos los quesos en un bol y mézclalos con cuidado sin comprimirlos. Pasa el queso a un recipiente poco hondo apta para el horno y caliéntalo unos 20 minutos para que se funda y empiece a dorarse.
3. Mientras, calienta el aceite en una sartén pequeña a fuego medio-alto. Añade las tiras de poblano o Padrón y fríelas unos 5 minutos. Resérvalas y tápalas para mantenerlas calientes. En la misma sartén, fríe el chorizo unos 5 minutos hasta que esté crujiente. Resérvalo y mantenlo caliente.
4. Cuando el queso esté a punto, sácalo del horno y coloca el chorizo y el pimiento por encima. Sírvelo enseguida, con abundancia de totopos.

Rajas de Padrón con crema

Es uno de los guisados vegetales más icónicos de la cocina mexicana, imprescindible en cualquier *taquiza* (comida a base de tacos). Lo tradicional es prepararlo con chiles poblanos, pero como son difíciles de encontrar fuera de México, la alternativa con pimientos del Padrón resulta muy acertada. Se trata de un relleno cremoso para tacos y empanadas (página 192).

4 RACIONES

1 mazorca de maíz grande o 2 pequeñas
1 cucharada de aceite vegetal
30 g (1 oz) de mojo de ajo (página 49)
100 g (3 ½ oz) de sofrito de cebolla (página 50)
⅛ de cucharadita de orégano mexicano
1 cucharadita de sal
⅛ de cucharadita de pimienta negra recién molida
260 g (9 ¼ oz) de pimientos del Padrón, por la mitad (véase Consejo)
200 g (7 oz) de crema (página 65)
tortillas, para servir

1. Para retirar las hojas de la mazorca, córtalas por la base y luego tira de ellas. Para desprender los granos de elote, apoya la mazorca sobre el lado cortado y pasa un cuchillo de arriba abajo lo más cerca posible del centro. Necesitarás 220 g (7 ¾ oz) de granos de elote.
2. Calienta el aceite en una sartén a fuego medio. Añade el mojo de ajo y sofríelo, vigilando que no se queme. Añade el sofrito de cebolla y deja cocer un par de minutos. Ahora añade el maíz, orégano, sal y pimienta, y cocínalo todo unos 5 minutos para que el maíz quede tierno. Añade los pimientos del Padrón y deja cocer 5 minutos más hasta que se ablanden, pero sin que se deformen del todo.
3. En otra sartén antiadherente, recalienta las tortillas.
4. Añade la crema a la mezcla del maíz y caliéntalo todo junto durante 1 minuto, revolviendo. Prueba y rectifica de sabores, luego sirve con las tortillas.

CONSEJO: Los pimientos del Padrón son suaves –excepto alguno– por lo que puedes dejar las semillas.

Sopes de shiitake

Los sopes se encuentran entre los platos más clásicos del repertorio de antojitos mexicanos. Se elaboran con masa de maíz y se pellizcan las orillas para darles forma de cuenco y rellenarlos. Mi local preferido para comerlos en la Ciudad de México es Sopes de la Nueve, donde ofrecen infinitas variedades de relleno: pulpo, costillas, cecina picante, y muchos más. Son sabrosos, baratos y saciantes. Empezó como tiendecita y tuvo tanto éxito que pasaron de servir a unos cuantos clientes a la vez a servir a cientos.

SALEN 12

½ tanda de masa de maíz (página 56)
15 g (½ oz) de queso cotija o pecorino rallado, para decorar

PARA RELLENAR

250 g (9 oz) de refrito de frijoles negros con aguacate (página 71)
3 dientes de ajo, picados
1 cucharada de aceite de semilla de uva o vegetal
100 g (3 ½ oz) de sofrito de cebolla (página 50)
300 g (10 oz) de hongos shiitake
6 cucharadas de adobo de guajillo (página 89)
¾ de cucharadita de sal
10 g (¼ oz) de perejil

1. Prepara la masa de maíz y déjala reposar 30 minutos. Forma bolas de 20 g (¾ oz) y hazlas rodar entre las manos para que queden suaves. Con una prensa para tortillas, conviértelas en discos de 8 cm (3 ¼ in) y 0,5 cm (¼ in) de grosor. Calienta un comal o sartén antiadherente de base gruesa a fuego medio y cocina los sopes un minuto por cada lado. Deben quedar algo crudos. Retíralos de la sartén y, aún calientes, pellizca los márgenes con el pulgar y el índice para formar pequeños cuencos.
2. Una vez listos los sopes, prepara el relleno.
3. Añade el refrito de frijoles negros a un cazo a fuego lento y recaliéntalo 10 minutos. Añade un poco de agua si la mezcla se seca mucho.
4. Mientras, en una sartén mediana a fuego medio, sofríe el ajo con el aceite durante 1 minuto, sin que se queme. Añade el sofrito de cebolla y cocínalo 5 minutos más para que adquiera color. Añade los hongos y deja cocer 3 minutos hasta que se ablanden. Ahora agrega el adobo y cuécelo un par de minutos más, revolviendo sin cesar e impregnando bien los hongos. Echa la sal y el perejil y mantenlo todo caliente.
5. Recalienta los sopes en el comal o sartén a fuego medio durante 30 segundos por cada lado. Colócalos en un plato, luego reparte las frijoles entre los sopes. Añade los hongos y decora con el queso. Sírvelos calientes.

Tostadas de cangrejo

En Coyoacán, el mercado de mi vecindario se ha hecho famoso (entre otras cosas) por un puesto de tostadas enormemente popular. En él se ofrecen diversidad de tostadas: de tinga de pollo, de cóctel de camarones o de pata de res (de vaca), una de mis favoritas.

En el Reino Unido, Cornualles es conocido por la calidad excepcional de su marisco, especialmente el cangrejo. La región es uno de nuestros destinos vacacionales predilectos por sus bellos paisajes y playas, además de sus especialidades culinarias.

Para rendir homenaje a este tipo de marisco, me gusta combinarlo con el simple frescor de una mayonesa de jalapeño y limón, y servirlo con tostadas crujientes y aguacate. No hace falta nada más: productos deliciosos con una tostada. De Coyoacán a Cornualles.

4 RACIONES

8 tortillas de maíz (12 cm/4 ½ in de diámetro), compradas o caseras (página 57)
2 cucharadas de aceite de semilla de uva o vegetal
250 g (9 oz) de carne de cangrejo, blanca y marrón mezcladas
1 aguacate grande, pelado, sin hueso y en láminas finas
sal en escamas
hojas de cilantro y cuñas de limón, para decorar

PARA LA MAYONESA DE JALAPEÑO Y LIMÓN

2 jalapeños, limpios y picados
1 diente de ajo, troceado
10 g (¼ oz) de cilantro
14 hojas de menta
100 g (3 ½ oz/½ taza escasa) de mayonesa
2 cucharadas de jugo de limón

1. Precalienta el horno a 170 °C/150 °C con ventilador/340 °F/gas ¾, y forra una bandeja de horno con papel vegetal.
2. Para preparar la mayonesa, añade los chiles, el ajo, el cilantro y la menta al molcajete (véase la página 78) o picadora. Añade una pizca de sal y pica o tritura hasta obtener un puré. Incorpora el puré de chiles y hierbas a la mayonesa, luego añade el jugo de limón, mezcla, prueba y rectifica de sal. Reserva.
3. Para las tostadas, unta las tortillas con aceite por ambos lados. Coloca las tortillas sobre la rejilla y hornéalas por espacio de 20-30 minutos, o hasta que estén crujientes, dándoles la vuelta a media cocción. Espolvorea con sal en escamas.
4. Pon las tostadas, el cangrejo, el aguacate, la mayonesa de jalapeño, las hojas de cilantro y las cuñas de limón en un plato para que los invitados preparen sus propias tostadas: primero mayonesa, luego aguacate, cangrejo, cilantro y unas gotas de jugo de limón.

Tostadas de callos de hacha con aguachile verde

En el estado de Sinaloa, en la costa oeste del Pacífico, los callos de hacha y camarones son tan frescos y dulces que a menudo se comen crudos, rociados con una marinada cítrica y picante llamada aguachile. Se pueden colocar los callos de hacha aderezados en un plato, rodeados de guarniciones y tostadas para que cada comensal se sirva.

SALEN 6

6 tortillas de maíz (página 57)
1-2 cucharaditas de aceite
6-8 callos de hacha grandes de primera calidad
6 cucharadas de mayonesa
1 aguacate, pelado, sin hueso y en láminas
cebolla morada (página 52)
hojas de cilantro, para decorar

PARA EL MARINADO DE AGUACHILE
80 g (3 oz) de chiles jalapeños o serranos
20 g (¾ oz) de pepino, troceado
10 g (½ oz) de jengibre, pelado y picado fino
1 diente de ajo, pelado
50 ml (2 fl oz/3 ½ cucharadas) de jugo de naranja
50 ml (2 fl oz/3 ½ cucharadas) de jugo de limón amarillo
1 cucharadita de azúcar
1 cucharadita de sal
1 cucharadita de vinagre de vino de arroz
1 cucharadita de salsa de pescado

1. Empieza preparando el marinado. Añade los ingredientes al vaso de la licuadora y tritura a velocidad alta. Cuela la mezcla por un colador de malla fina. Prueba y rectifica de condimentos. Reserva.
2. Precalienta el horno a 170 °C/150 °C con ventilador/340 °F/gas 3 ½.
3. Para las tostadas, unta las tortillas con aceite por ambos lados. Coloca una rejilla metálica sobre una bandeja de horno y coloca las tortillas encima. Hornea unos 20-30 minutos o hasta que se tuesten, dándoles la vuelta a media cocción.
4. Mientras, corta los callos de hacha en láminas muy finas.
5. Cuando esté todo listo, pon las tostadas en platos y extiende una fina capa de mayonesa en cada una. Moja las láminas de callos de hacha en el marinado y añádelas sobre la mayonesa, formando un abanico. Decora con la cebolla encurtida y las hojas de cilantro. Adereza con un poco más de marinado y sirve enseguida.

Alitas de pollo con tamarindo

A todos nos gustan las alitas de pollo, el tentempié perfecto. En esta receta, la levadura en polvo absorbe la grasa de pollo al cocerlo, así las alitas quedan más crujientes sin necesidad de freírlas. El marinado de tamarindo aporta un toque agridulce, cítrico, ideal para acompañar una cerveza artesana y disfrutar de un agradable contraste de sabores.

4-6 RACIONES

2 cucharadas de levadura en polvo
1 ½ cucharaditas de sal en escamas
¾ de cucharadita de orégano mexicano
1 ½ cucharaditas de semillas de hinojo chafadas
1,5 kg (3 lb 5 oz) de alitas de pollo

PARA EL ADOBO DE TAMARINDO
200 g (7 oz) de pulpa de tamarindo, con semillas
200 ml (7 fl oz/1 taza escasa) de jugo de naranja
50 ml (2 fl oz/3 ½ cucharadas) de jugo de limón
50 g (2 oz/3 cucharadas) de miel
2 cucharadas de azúcar moreno blando claro

PARA SERVIR (OPCIONAL)
palomitas de maíz
salsa en polvo Tajín
adobo de ancho secos (página 85)

1. Precalienta el horno 150 °C/130 °C con ventilador/300 °F/gas 2. Forra una bandeja de horno con papel vegetal.
2. Para preparar el adobo de tamarindo, añade la pulpa de tamarindo y el jugo de naranja a un bol y revuelve: lo más fácil es usar los dedos. Para retirar las semillas, pasa la mezcla por un colador de malla fina. Añade el jugo de limón al colador y sigue presionando y rascando. Desecha las semillas e incorpora la miel y el azúcar al adobo. Reserva.
3. En un bol grande, mezcla la levadura, la sal, el orégano y las semillas de hinojo. Añade las alitas de pollo y revuelve para que se impregnen bien.
4. Esparce las alitas sobre la bandeja preparada y ásalas por espacio de 30 minutos, luego aumenta la temperatura del horno a 210 °C/190 °C con ventilador/410 °F/gas 6 ½, y ásalas 30 minutos más, dándoles la vuelta a media cocción.
5. Reduce la temperatura del horno a 190 °C/170 °C con ventilador/375 °F/gas 5. Saca la bandeja del horno y pinta las alitas generosamente por todos lados con el adobo. Devuélvelas al horno 5 minutos más y luego sírvelas calientes. A mí me gusta servirlas sobre un bol de palomitas de maíz. Añade una capa más de sabor con un poco de salsa Tajín en polvo o adobo de ancho. Ideales para un domingo por la tarde.

Empanadas de tinga de pollo

La tinga es una preparación de carne de pollo desmenuzada con salsa de tomate ahumada. Si bien suele relacionarse con el pollo, la salsa tinga también puede servirse con carne de res o con verduras (pruébala con shiitake o zanahoria asada). Disfrútala para condimentar unos tacos, sopes o tostadas, pero para mi gusto, sobre todo como relleno de empanadas.

Las empanadas son tanto británicas (*pasties*) como mexicanas. En México las llamamos «pastes» y adaptamos los rellenos. Los mineros cornualleses fueron a México en el siglo XIX para trabajar en las minas de Real del Monte, una bella población del estado de Hidalgo, cerca de la Ciudad de México. Gracias a estos mineros, se introdujo el fútbol en México y se fundó el primer club de fútbol del país, el Pachuca Athletic Club. En 2007, la embajada mexicana en el Reino Unido denominó los asentamientos mineros de Pachuca y Real del Monte «Pequeña Cornualles», y las ciudades de Camborne y Redruth se hermanaron con las anteriores, respectivamente.

SALEN 9

PARA LA MASA

375 g (13 ¼ oz/3 tazas escasas) de harina blanca
¾ de cucharadita de sal
120 g (4 oz) de mantequilla, a temperatura ambiente
1 huevo pequeño, más 1 yema
150 ml (5 fl oz/⅔ de taza escasa) de cerveza, a temperatura ambiente

PARA EL CALDO

500 g (1 lb 2 oz) de muslos de pollo
1,2 litros (40 fl oz/4 ¾ tazas) de agua
½ cebolla pequeña
1 zanahoria
un trozo de jengibre de 2 cm (¾ in)
1 diente de ajo
unas ramitas de cilantro
1 hoja de laurel

1. Empieza preparando la masa. Pon la harina y la sal en un bol grande y mézclalas. Añade la mantequilla y frótala con la harina entre los dedos. Agrega el huevo y la cerveza, poco a poco, trabajando la mezcla con cada adición hasta que la masa ligue. Debes obtener una pasta flexible y moldeable. Envuélvela en papel film y refrigérala durante 1 hora. Si lo deseas, puedes prepararla con antelación y dejarla en el refrigerador toda la noche, o incluso congelarla.
2. Añade todos los ingredientes del caldo a una olla grande a fuego bajo. Lleva a ebullición y deja cocer 40 minutos, luego retira el pollo del caldo y deja que se temple, tapado.
3. Para la salsa tinga, añade los jitomates y el ajo al comal o plancha antiadherente de base gruesa a fuego medio-alto, y ásalos 25-30 minutos hasta que queden tiernos. Otra opción es asar los vegetales en el horno precalentado a 200 °C/180 °C con ventilador/400 °F/gas 6, durante 30-40 minutos. No se tostarán tanto, pero se asarán y quedarán blandos igual. Retíralos del comal o el horno y deja enfriar.
4. Pon los jitomates y el ajo asados con la cebolla cruda y 300 ml (10 fl oz/1 ¼ tazas) de caldo en el vaso de la licuadora. Tritúralo bien.

PARA LA SALSA TINGA

400 g (14 oz) de jitomates
2 dientes de ajo, pelados
1 cebolla, pelada
1 cucharada de aceite de semilla de uva o vegetal
25 g (1 oz) de puré de chipotle en adobo (página 82)
1 hoja grande de laurel
1 estrella de anís
½ cucharadita de orégano mexicano
½ cucharadita de hoja de aguacate en polvo
¾ de cucharadita de sal

5. Calienta el aceite en un cazo mediano a fuego medio. Añade los vegetales triturados y cocínalos 7-8 minutos para concentrar los sabores. Añade el puré de chipotle en adobo, el laurel, el anís, el orégano y el aguacate en polvo. Baja la potencia del fuego y deja cocer 15-20 minutos para que reduzca y espese. Deben quedar unos 500 ml (17 fl oz/2 tazas) de salsa. Agrega la sal, prueba y rectifica. Pasa la salsa por un colador de malla fina y deja enfriar.

6. Mientras, retira la piel de los muslos de pollo y deséchala, luego deshuésalos. Coloca la carne de pollo en un bol y mézclala con la mitad de la salsa tinga (véase Consejo). Prueba y rectifica de condimento, luego reserva.

7. Precalienta el horno a 180 °C/160 °C con ventilador/350 °F/gas 4, y forra dos bandejas de horno con papel vegetal. Bate ligeramente la yema restante con ¼ de cucharadita de sal.

8. Divide la masa en 9 trozos de unos 50 g (2 oz) cada uno. Con cada trozo forma un disco ovalado de 12×15 cm (4 ½ × 6 in) y 0,5cm (¼ in) de grosor. Añade unos 50 g (2 oz) de relleno de tinga de pollo en el centro. Pinta los márgenes con huevo y dobla la masa. Presiona con los dedos para sellarla y marca los bordes con un tenedor. Repite con el resto de los discos.

9. Dispón las empanadas en las bandejas y píntalas con la yema batida. Hornea por espacio de 20-25 minutos hasta que se doren, intercambiando las bandejas de sitio a media cocción. Sírvelas calientes.

CONSEJO: Solo necesitas la mitad de la salsa, pero puedes congelar la otra mitad para otro día.

BEBIDAS

BIZZARRO

l anochecer en la Ciudad de México es un momento mágico. La puesta de sol inunda gran parte de la ciudad tiñendo el cielo de rojo intenso que, al reflejarse en las montañas que la rodean, las convierte en una visión imponente.

Es la hora del día en que grupos de amigos salen a tomar cervezas, cócteles o una copa de vino. La tierra y el clima de la región de Baja California son similares a los de California y en ella se producen vinos excepcionales. Muchos aún solo se encuentran en México y no se exportan, por eso me encanta probar vinos cuando vengo de visita.

Aunque cada vez hay menos, las cantinas siguen formando parte del tejido social de la ciudad. De pequeño, recuerdo escuchar a mi padre contar, cuando salía con los amigos, que en la cantina les servían tapas de caldo de camarón o chistorra con cada bebida. En la cantina se reunían los hombres para hablar y beber, y los niños no podían entrar, ni siquiera las mujeres hasta 1982.

A menudo me imaginaba cómo debía ser aquel sitio, impaciente por ir. Como suele ser el caso, cuando uno crece la fascinación por ir ya no es tan grande cuando está permitido, y con los amigos íbamos a los bares. Pero visitar una cantina en México es algo así como ir a un pub en Inglaterra o una cafetería en Francia.

Durante un viaje reciente a la Ciudad de México, visitamos La Ópera, donde el legendario revolucionario Pancho Villa se dice que disparó al techo en 1910. Natalie y yo nos sentamos en la barra y tomamos tequila y mezcal respectivamente, mientras Cecilia, entonces un bebé, dormía. Un cliente preguntó si podía tomar una foto, comentando cómo había cambiado la sociedad desde la década de 1980, en que la imagen no hubiera sido posible.

Las bebidas en las cantinas son sencillas, pero la comida que las acompaña y el hecho de que sean parte intrínseca de la ciudad merecen una visita cada vez que estoy en México. A principios del siglo XX, había más de mil en la capital y, si bien este número se ha reducido significativamente, para muchos siguen siendo lugar de reunión.

En mi caso, el anochecer es cuando me gusta preparar cócteles, recibir a los amigos en casa antes de cenar. Ofrece un cóctel margarita de jamaica o un mezcal sour a alguien y seguro que, si han tenido un mal día, con unos sorbos van a sentirse mejor.

Michelada de marisco

2 RACIONES

1 cucharadita de aceite
1 cucharadita de adobo de guajillo (página 89)
6 camarones cocidos
hielo
200 ml (7 fl oz/1 taza escasa) de sangrita (véase abajo), fría
200 ml (7 fl oz/1 taza escasa) de cerveza tostada mexicana, fría
hojas de apio, para decorar

1. Calienta el aceite en una sartén pequeña a fuego bajo. Añade el adobo, seguido de los camarones. Cocínalos 30 segundos por cada lado: deben quedar impregnados. Retira del fuego y ensarta los camarones en 2 palillos de cóctel, 3 por palillo.
2. Llena 2 vasos con hielo hasta la mitad. Reparte la sangrita entre ellos y luego llena con 100 ml (¾ fl oz/¾ de taza escasa) de cerveza. Sirve, con hojas de apio y un pincho de camarones al guajillo.

Margarita de jamaica

1 RACIÓN

hielo
40 ml (1 ¼ fl oz) de tequila blanco Ocho
30 ml (1 fl oz) de Cointreau
25 ml (¾ fl oz) de agua de jamaica (página 55)
25 ml (¾ fl oz) de jugo de limón recién exprimido
rodaja de limón, para decorar

PARA CUBRIR LOS BORDES

1 cucharada de agua de jamaica (página 55)
2 cucharadas de azúcar extrafino

1. Para cubrir los bordes de la copa de azúcar, vierte el agua de jamaica en un platito y el azúcar en otro platito. Moja el borde de la copa en el miel y luego pásalo por el azúcar, haciendo girar la copa. Reserva.
2. Llena una coctelera con hielo y añade el tequila, el Cointreau, el agua de jamaica y el jugo de limón. Agita bien y cuela el contenido en la copa. Decora con una rodaja de limón.

Sangrita

SALEN 1,2 LITROS (40 FL OZ/4 ¾ TAZAS)

1 litro (34 fl oz/4 tazas) de jugo de tomate
1 cucharadita de sal
1 cucharadita de pimienta negra recién molida
125 ml (4 ¼ fl oz/½ taza escasa) de jugo de naranja
50 ml (1 ¾ fl oz/3 cucharadas) de salsa picante Valentina
25 ml (¾ fl oz/5 cucharaditas) de salsa Tabasco

1. Añade los ingredientes al vaso de la licuadora y tritura. Pasa el contenido a una jarra y guárdala en el refrigerador hasta su uso. Se conserva en frío hasta 5 días.

Cubana

1 RACIÓN
hielo
50 ml (1 ¾ fl oz/3 cucharadas) de sangrita (página 201)
25 ml (¾ fl oz) de jugo de limón
125 ml (4 ¼ fl oz/½ taza escasa) de cerveza tostada mexicana, fría

1. Llena un vaso con hielo hasta la mitad. Añade la sangrita y el jugo de limón, acaba de llenar con cerveza y sirve.

Mezcal Sour

1 RACIÓN
hielo
35 ml (1 ¼ fl oz) de mezcal Vetusto Espadín
15 ml (1 cucharada) de amaretto
10 ml (2 cucharadas) de miel de azúcar
10 ml (2 cucharaditas) de jugo de limón o limón amarillo
20 ml (1 ½ cucharada) de aquafaba (el líquido de un bote de garbanzos)
rodajas de chile jalapeño, para decorar

1. Llena la coctelera de hielo. Añade el mezcal, el amaretto, la miel, el jugo de limón amarillo y el aquafaba, y agita bien. Cuela en un vaso corto lleno de hielo y sirve, decorado con 2 rodajas de jalapeño.

Paloma

1 RACIÓN
hielo
30 ml (1 fl oz) de tequila Don Julio Blanco
25 ml (¾ fl oz) de Campari
20 ml (1 ½ cucharada) de jugo de limón
125 ml (4 ¼ fl oz/½ tazas) de agua quina de toronja
cuña de toronja, para decorar

1. Llena un vaso largo con hielo y añade el tequila, el Campari y el jugo de limón. Acaba de llenar con agua quina de toronja y sirve, decorado con una cuña de toronja.

Bee's Knees

1 RACIÓN
hielo
35 ml (1 ¼ fl oz) de tequila Cazcabel Honey
50 ml (1 ¾ fl oz/3 cucharadas) de tepache (página 112)
15 ml (1 cucharada) de jugo de limón recién exprimido
rodaja de naranja, para decorar

1. Llena un vaso corto con hielo y añade el tequila, el tepache y el jugo de limón. Revuelve y sirve decorado con una rodaja de naranja.

CENA

Como la comida es el alimento principal del día, para muchos la cena puede consistir en unos tacos tras una larga jornada o un momento familiar de reunión para celebraciones especiales. Tanto si se opta por carnitas, al carbón o al pastor, cada familia tiene su propia taquería preferida para salir a cenar, donde suelen ser clientes de por vida y durante generaciones.

Recuerdo innumerables visitas para comer tacos al pastor en El Tizoncito, en el barrio de la Condesa. Era una ocasión especial, además de un espectáculo que me fascinaba. Observaba al taquero cortar finas rebanadas de carne del trompo, rematado con una piña asada que cortaba con pericia y caía desde lo alto del trompo para aterrizar con gracia en el taco, listo para el toque final de cilantro y cebolla. El colofón era la cucharada de salsa que culminaba el taco perfecto. La bella danza del taco en su progreso se representaba una y otra vez, con gráciles movimientos que evidenciaban la repetición y el respeto por el oficio. Para que los tacos no se enfriaran, los pedías a medida que los comías, cada uno servido en cuadraditos de papel que se iban amontonando en el plato. Al final, pasabas a la caja con el plato y te cobraban en función de los papelitos acumulados. La simplicidad y confianza del sistema nunca fallaban.

Seguramente fue aquí donde empecé a comprender la importancia de la hospitalidad –el ambiente, la comida, el ritual– y me encantó. El taquero que te daba la bienvenida, el que te servía y el que te invitaba a volver pronto cuando te marchabas. Todo formaba parte de la alegría de la experiencia. Del mismo modo, recuerdo que muchas veces me dormía al son de las cenas en casa de mis padres, donde no faltaba música en vivo e incontables parientes. Bailar, cantar y comer mucho era lo habitual, y las fiestas se alargaban hasta la madrugada. La comida nunca se terminaba y siempre había abundantes sobras para los tacos de los días siguientes, que sabían incluso mejor que la vigilia.

Para salir a cenar fuera en la Ciudad de México, sin duda me encanta el precioso restaurante Rosetta, de Elena Reygadas. Está situado en una vieja casa en el histórico barrio de Roma, donde las calles arboladas podrían confundirse con las de Barcelona. Elena sirve sus especialidades combinando técnicas culinarias italianas con los mejores ingredientes mexicanos. Cenar fuera en la Ciudad de México pocas veces supera una velada en el patio de este restaurante disfrutando de vinos y platos.

Camarones al guajillo

La salsa de esta receta es una sencilla mezcla de adobo de guajillo con mantequilla y un toque de ajo. Para este plato, los camarones deben ser frescos y jugosos. La salsa acentuará su dulzor natural. Asar los limones aportará otra dimensión de sabor, pero no es esencial.

4 RACIONES

4 cucharadas de aceite
160 g (5 ¾ oz) de mantequilla
8 dientes de ajo, troceados
200 g (7 oz) de adobo de guajillo (página 89)
12 camarones grandes de primera calidad, enteros

PARA SERVIR

mitades de limón amarillo, gratinadas a ser posible
perejil picado

1. Calienta 2 sartenes grandes a fuego bajo-medio. Añade 2 cucharadas de aceite y una cuarta parte de la mantequilla a cada sartén. Cuando la mantequilla burbujee, reparte el ajo entre ambas sartenes y cocínalo 30 segundos para que se dore, sin dejar que se queme.
2. Añade la mitad del adobo de guajillo a cada sartén y caliéntalo un par de minutos. Luego añade 6 camarones a cada sartén y cocínalos 5-8 minutos, según el tamaño, dándoles la vuelta a media cocción. Añade las últimas cuartas partes de la mantequilla a cada sartén y deja que se derrita, revolviendo constantemente.
3. Otra opción, si solo dispones de una sartén, es cocinarlo por tandas y mantener la primera caliente mientras preparas la otra.
4. Coloca los camarones en un plato y sirve, decorado con los limones y el perejil.

Salmón con mole de fruta

Esta es mi interpretación de un mole afrutado que probé en una fonda. No lo he vuelto a comer, no pedí la receta y no llegué a hablar con la mayora, pero nunca lo olvidé y decidí recrearlo aquí a partir del recuerdo. Es un mole rico en nueces y fruta caramelizada con mantequilla. Aunque lo comí con costillas de cerdo, lo considero ideal para acompañar el pescado, ya que potencia su sabor sin enmascararlo. También es delicioso con carne de cerdo o camarones. Me gusta triturar la mitad para añadirla al mole y usar la otra mitad como decoración para aportar textura. Solo necesitas la mitad del mole para este plato (véase Consejo), pero puedes congelar el resto. Curar el salmón durante 30 minutos antes de asarlo mejora en gran medida su sabor y textura.

4 RACIONES

- 4 filetes de salmón, de unos 200 g (7 oz) cada uno
- 2 cucharadas de sal en escamas
- 1 cucharadita de azúcar
- 1 diente de ajo grande, rallado
- unas 3 cucharadas de aceite de semilla de uva o vegetal
- quinoa cocida, para servir

PARA EL MOLE DE FRUTA

- 1 ½ chiles guajillo, limpio y sin semillas
- 1 ½ chiles anchos, limpio y sin semillas
- 75 g (2 ½ oz) de almendras
- 2 cucharadas de ajonjolí
- 25 g (1 oz) de cacahuates
- 3 jitomates
- 1 cebolla, en cuartos
- 4 dientes de ajo, pelados
- 2 cucharadas de mantequilla
- ½ plátano macho bien maduro, en rodajas
- 1 manzana pequeña, pelada y en dados
- 1 pera grande, pelada y en dados
- ¼ de piña, pelada y en dados
- 150 g (5 oz) de pasas
- 3 hojas de laurel
- ½ cucharadita de canela molida

1. Para elaborar el mole, tuesta los chiles en el comal o una sartén antiadherente de base gruesa a fuego medio hasta que se ablanden. Pon los chiles cocidos en un bol y cúbrelos con 250 ml (8 ½ fl oz/1 taza) de agua hirviendo. Déjalos 1 hora en remojo.

2. Tuesta las almendras en el comal o sartén. Reserva y luego tuesta el ajonjolí, seguido de los cacahuates. Trocea las almendras y los cacahuates.

3. Añade los jitomates, la cebolla y el ajo al comal a fuego medio-alto y ásalos 25-30 minutos hasta que queden tiernos. Otra opción es asar los vegetales en el horno precalentado a 200 °C/180 °C con ventilador/400 °F/gas 6, durante 30-40 minutos. Retíralos del comal o el horno y deja enfriar. Yo suelo desglasar el comal con 50 ml (1 ¾ fl oz/3 cucharadas) de agua para conseguir un sabor más ahumado.

4. Derrite la mantequilla en una sartén a fuego medio, luego fríe el plátano por espacio de 6-7 minutos hasta que caramelice. Retira del fuego y deja enfriar. En la misma sartén, carameliza también la manzana, la pera y la piña durante 5-6 minutos. Reserva. Finalmente, fríe las pasas durante un par de minutos para que se hinchen. Reserva.

5. Ahora puedes sacar los filetes de salmón del refrigerador. Combina la sal, el azúcar y el ajo y masajea el pescado con la mezcla, incluida la piel. Cubre los filetes con papel film transparente y resérvalos a temperatura ambiente mientras terminas el mole.

6. Añade los jitomates, cebolla y ajo al vaso de la batidora, junto con el jugo del comal. Añade los chiles y el agua del remojo, y tritúralo todo bien. Añade la mitad de los frutos secos, plátano y demás frutas, más 150 ml (5 fl oz/⅔ taza escasa) de agua y vuelve a triturar. Si el vaso de la licuadora no es lo bastante grande, hazlo por tandas.

7. Calienta 2 cucharadas del aceite en una cazuela grande a fuego bajo y sofríe las hojas de laurel y la canela durante 1 minuto. Añade el mole y déjalo cocer a fuego bajo-medio durante 10-15 minutos hasta que espese pero no demasiado. Mantenlo caliente.

8. Precalienta el gratinador a potencia media-alta. Forra una bandeja de horno con papel de aluminio y úntalo con el aceite restante. Coloca los trozos de salmón sobre la bandeja, con la piel arriba, y gratínalos 10-15 minutos, según el grosor. Deben quedar apenas cocidos, algo translúcidos por dentro.

9. Sirve los filetes de salmón en platos con la quinoa y añade una buena cucharada de mole sobre cada uno. Decora con el resto de las nueces y fruta. Acompaña con más quinoa aparte.

CONSEJO: Sale suficiente mole para una segunda receta, pero necesitarás tostar y freír más nueces y fruta para decorar.

Caballa a la talla

El pescado a la talla es una especialidad de la costa del Pacífico. Se trata de pescado abierto, untado con un marinado de chile y asado. Aunque la variedad habitual suele ser el pargo colorado, cualquier pescado apto para la parrilla va bien. El restaurante Contramar, en la Ciudad de México, lo prepara con dos adobos distintos: uno con base de chile rojo y otro verde con base de hierbas. Esta es mi versión de la receta, con caballa de la costa británica.

4 RACIONES

4 caballas grandes, limpias y abiertas (pide al pescadero que lo haga)
cucharada de aceite de semilla de uva o vegetal

PARA EL MARINADO VERDE
75 g (2 ½ oz) de perejil, troceado
25 g (1 oz) de albahaca tailandesa, troceada
45 g (1 ½ oz) de ajo, pelado y troceado
4 cucharadas de aceite de oliva
3 cucharadas de aceite de cáñamo
¼ de cucharadita de sal
⅛ de cucharadita de orégano mexicano
⅛ de cucharadita de pimienta blanca recién molida

PARA EL MARINADO ROJO
120 g (4 oz) de adobo de guajillo (página 89)

PARA SERVIR
2 limones
cebolla morada (página 52)
arroz a la mexicana (página 64)
frijoles refritos (página 71)
tortillas, compradas o caseras (página 57)
sal en escamas

1. Precalienta el gratinador a potencia máxima y forra una bandeja de horno con papel de aluminio.
2. Añade todos los ingredientes del adobo verde en el vaso de la licuadora y tritúralos sin llegar a hacerlos puré. Prueba y rectifica de condimento.
3. Unta con aceite la bandeja preparada. Coloca los filetes de caballa sobre la bandeja. Sobre una de las dos partes de cada filete, extiende una cuarta parte del adobo verde y la otra parte con el adobo de guajillo, para que cada caballa tenga un filete verde y otro rojo.
4. Ásalos bajo el gratinador 8-10 minutos, o hasta que el pescado esté cocido. Puede que debas hacerlo por tandas.
5. Sirve la caballa cocida en una fuente con cuñas de limón. Espolvorea con la sal y acompaña con cebolla morada, arroz, frijoles y tortillas calientes.

Calamar en salsa cremosa de chipotle

Mi madre prepara los calamares con mojo de ajo, guajillo en rodajitas y perejil. En México, este plato recibe el nombre de calamares al ajillo, y es delicioso y sencillo. Una vez, quería prepararlo en casa, pero disponía adobo de chipotle en lugar de guajillo. Decidí añadirle cremosidad con unas sobras de queso pecorino y crema. ¿Resultado? Un plato cremoso, ahumado, umami, y el preferido de Natalie como receta no tradicional, con la que di de pura casualidad.

4 RACIONES

850 g (1 lb 14 oz) de calamar (unos 500 g/1 lb 2 oz, una vez limpio y preparado)
40 g (1 ½ oz) de mantequilla
2 dientes de ajo, picados
4-5 cucharadas de puré de chipotle en adobo (página 82)
250 g (9 oz) de crema (página 65)
100 g (3 ½ oz) de queso pecorino, rallado

PARA SERVIR

quinoa cocida
pico de gallo (página 133)

1. Para preparar el calamar, separa las patas del cuerpo tirando suavemente de ellas, retirando las vísceras adheridas. Corta las patas justo por debajo de los ojos y retira el pico central. Desecha entrañas y pico. Tira de la piel para eliminarla, y corta las aletas. Corta el calamar en anillos. Lava los anillos, las aletas y las patas. Sécalas bien: así se freirán mejor.
2. Derrite la mantequilla en una sartén grande a fuego bajo y cocina a fuego lento el ajo durante 2-3 minutos. Sube la potencia del fuego a media, luego añade el calamar y fríelo 3-4 minutos. Añade el puré de chipotle en adobo y cuécelo un minuto más. Baja el fuego y ahora añade la crema y el queso. Deja cocer un par de minutos, revolviendo sin parar, hasta que se funda el queso.
3. Sirve enseguida con quinoa y pico de gallo aparte. También me gusta acompañar el plato de una baguette o pan de masa madre para remojar. ¡Buen provecho!

CONSEJO: Yo preparo esta receta con chipirones, porque quedan más tiernos. La salsa también es una delicia con camarones.

Carnitas de pato con cátsup de tomate verde

Las carnitas son un clásico de Michoacán, donde los cocineros son famosos por sus grandes ollas de cobre con manteca y carne donde se prepara el confit. Esta receta es una fusión de cocina francesa y mexicana. Me gusta mucho el confit porque la sabrosa carne se funde en la boca. Para rebajar la grasa del confit, lo sirvo con una cátsup de tomate verde dulce y con hierbas –una receta que, por cierto, queda mejor con tomates enlatados–. Para facilitar la elaboración, todos los componentes del plato pueden cocinarse con antelación.

4 RACIONES

PARA EL CONFIT DE MUSLOS DE PATO

8 cucharadas de sal en escamas
4 muslos de pato
1 naranja
35 g (1 ¼ oz) de dientes de ajo, pelados
6 ramitas de tomillo
4 hojas de laurel
750 g (1 lb 10 oz) de grasa de ganso o pato, derretida
1 ½ cucharadas de azúcar moreno blando claro
½ cucharadita de sal

PARA LA CÁTSUP DE TOMATE VERDE

2 cucharadas de aceite
3 manzanas, peladas, sin corazón y en láminas
790 g (1 lb 12 oz) de jitomates de cáscara en lata, escurridos
1 ramita de canela
60 g (2 oz/¼ de taza) de azúcar
10 hojas de menta
½ jalapeño, troceado
1 cucharada de vinagre de arroz

PARA LA GUARNICIÓN

1 cebolla morada
30 g (1 oz) de cilantro, troceado
15 g (½ oz) de menta, troceada
sal

1. Empieza preparando los muslos de pato. Esparce 4 cucharadas de la sal en el fondo de un recipiente de material no reactivo lo bastante grande para que quepan los muslos sin sobreponerse. Colócalos sobre la sal, con la piel arriba, presionándolos hacia abajo. Espolvorea la sal restante sobre los muslos, presionándola sobre la piel. Cúbrelos y refrigéralos por espacio de 3 horas.
2. Pasadas 3 horas, retira los muslos del recipiente, lávalos y sécalos. Añádelos a una cazuela, apretados formando una sola capa.
3. Con un pelador de papas, obtén 8 tiras de cáscara de naranja y añádelas a la cazuela. Exprime la naranja y añade el jugo, luego el ajo, el tomillo y el laurel. Cubre con la grasa de ganso derretida. Los muslos deben quedar sumergidos. A fuego lento, alcanza un punto de hervor suave. Deja cocer 2 ½ horas, hasta que la carne se desprenda fácilmente del hueso.
4. Recupera las tiras de cáscara de naranja y ponlas en un bol. Añade el azúcar, la sal y 4 cucharadas de la grasa de la cazuela. Con un tenedor, aplástalo para obtener una pasta y reserva. Deja que los muslos se enfríen en la grasa. El confit se conserva en su grasa en el refrigerador hasta 1 semana.
5. Para la cátsup de tomate verde, calienta el aceite en una sartén a fuego medio. Añade la manzana y fríela 5 minutos para que caramelice. Mientras, añade los tomates a un cazo y cúbrelos con agua hirviendo. Añade la canela y cuécelo junto 15 minutos.
6. Escurre los tomates y ponlos en el vaso de la licuadora, junto con la manzana. Añade el azúcar y tritúralo todo, luego pásalo a un cazo para reducir la mezcla a fuego lento durante 10 minutos para que espese un poco. Vuelve el contenido al vaso de la licuadora. Añade las hojas de menta, el jalapeño y el vinagre de arroz. Tritura hasta una consistencia homogénea y deja enfriar.
7. Precalienta el horno 200 °C/180 °C con ventilador/400 °F/gas 6. Retira los muslos de la grasa y colócalos sobre una bandeja de horno forrada con papel de aluminio.
8. Extiende la pasta de cáscara de naranja sobre los muslos y ásalos 15-20 minutos hasta que se doren.
9. Mientras, corta la cebolla en láminas finas y ponlas en un bol con agua salada. Cuando vayas a servir, escurre la cebolla y mézclala en un bol con el cilantro y la menta. Sirve los muslos con unas cucharadas de cátsup y un poco de esta guarnición.

Chiles rellenos

Los chiles anchos son chiles poblanos secos, y este plato permite disfrutar de ambas versiones del mismo chile. Puedes servir estos chiles rellenos sobre un lecho de caldillo de jitomate, o simplemente envueltos en una tortilla a modo del llamado taco placero. El estado de Puebla ofrece la mejor variedad, en especial en el mercado de Hidalgo. Este es uno de los platos mexicanos más tradicionales, y el sencillo relleno de queso Chihuahua o ranchero es el más popular. Crecí viendo a mi abuela Carmela prepararlos una y otra vez. Espero que goces del aroma de los chiles asados en tu hogar tanto como yo.

4 RACIONES

3 cucharadas de azúcar moreno
1 ramita de canela
4 chiles anchos secos grandes u 8 medianos
4 chiles poblanos grandes u 8 medianos
2-3 cucharadas de aceite de semilla de uva o vegetal
½ tanda de caldillo de jitomate (página 51)
tortillas calientes, compradas o caseras (página 57), para servir

PARA EL RELLENO

1 cebolla pequeña, picada
3 dientes de ajo, picados
3 cucharadas de aceite de semilla de uva o vegetal
1 papa, pelada y en dados
350 g (12 oz) de carne de ternera picada
2 hojas de aguacate secas
una pizca de canela molida
3 jitomates maduros, triturados
1 cucharada de mantequilla
½ plátano macho, pelado y en dados
65 g (2 ¼ oz) de pasas
20 g (¾ oz) de almendras, tostadas y troceadas
20 g (¾ oz) de piñones, tostados
¾ de cucharadita de sal
4 vueltas de molinillo de pimienta negra

1. Precalienta el gratinador a potencia alta.
2. Pon el azúcar y la canela en un bol grande y añade 700 ml (24 fl oz/3 tazas escasas) de agua hirviendo. Revuelve hasta que se disuelva el azúcar, luego añade los chiles secos. Deben quedar sumergidos por completo; colócales un peso encima, como un plato, si hace falta. Deja en remojo 15-30 minutos hasta que se ablanden los chiles, luego retíralos del líquido y córtalos de arriba hacia abajo por un lado. Saca las semillas con cuidado, dejando el tallo intacto. Reserva.
3. Pon los poblanos bajo el gratinador y cocínalos 20-40 minutos, según el tamaño, dándoles la vuelta a media cocción. Deben quedar churruscados. Ponlos en un bol, cúbrelos y resérvalos 30 minutos. El vapor de los chiles quedará atrapado en el bol y favorecerá que se desprendan las pieles. Una vez lo bastante fríos para manipularlos, pélalos y, como has hecho con los secos, córtalos de arriba hacia abajo por un lado, saca las semillas y deja el tallo.
4. Para el relleno, pon una sartén grande a fuego medio y fríe la cebolla con el ajo en el aceite durante 10-12 minutos. Añade la papa y fríe 5 minutos más para que tome color. Sube la potencia del fuego y añade la carne, por tandas si es necesario, y déjala cocer 6-7 minutos hasta que se dore. Incorpora las hojas de aguacate y la canela y cocínalo 1 minuto. Añade el tomate triturado y mézclalo. Lleva a ebullición, luego baja el fuego y deja cocer lentamente 20 minutos.
5. Mientras, derrite la mantequilla en una sartén pequeña a fuego bajo. Añade el plátano y fríelo 4-5 minutos. Añade las pasas y cocínalas un par de minutos hasta que se hinchen. Agrega el plátano y las pasas a la carne, junto con los frutos secos. Salpimienta, luego prueba y rectifica de condimento. Retira del fuego y deja enfriar.
6. Abre los chiles y reparte el relleno entre todos. Ciérralos y aplánalos con las manos. Calienta el aceite en una sartén grande a fuego bajo y cocina los chiles durante 7-8 minutos por cada lado. Mientras, recalienta el caldillo de jitomate.
7. Sirve los chiles sobre un lecho de caldillo, con tortillas calientes.

MEDELLIN

Pollo asado con adobo de ancho

Cada cocina tiene su receta de pollo asado. En nuestra familia, este pollo con adobo de chile ancho es la comida fácil de domingo. Acompañado de una saludable ensalada de col y una bolsa de papas fritas (menos saludables). En la Ciudad de México, los pollos asados –pollos rostizados– se venden junto a las panaderías, donde también se venden chiles encurtidos, salsa y papas fritas: buena comida para llevar. Para hacerlo en casa, deja marinar el pollo toda la noche en el refrigerador y prepara con antelación el aderezo de naranja: ¡así solo tendrás que cortar unas verduras y abrir una bolsa de papas!

4 RACIONES

1 naranja
pollo entero de 1,5 kg (3 lb 5 oz)
20 g (¾ oz) de jengibre fresco, pelado
4 dientes de ajo, pelados
40 g (1 ½ oz) de adobo de ancho secos (página 85)
1 cucharada de aceite de oliva

PARA SERVIR

una bolsa grande de papas fritas, ¡o dos!

ALIÑO DE NARANJA PARA LA ENSALADA DE COL

6 cucharadas de jugo de naranja
2 cucharadas de vinagre de arroz
2 cucharadas de vinagre de manzana
1 cucharadita de sal
1 cucharada de miel de agave oscura
¼ de cucharadita de orégano mexicano
25 g (1 oz) de cebolla morada, en láminas finas

PARA LA ENSALADA DE COL

¼ de col morada
¼ de col blanca
2 zanahorias, peladas
½ chayote (véase la página 246)
10 g (¼ oz) de hojas de cilantro

1. Para preparar el pollo, exprime la naranja y pasa el jugo a un bol. Introduce las mitades de la naranja en la carcasa del pollo. Ralla la mitad del jengibre y 2 ajos sobre el jugo de naranja, luego introduce el jengibre y el ajo restantes en la carcasa (sin rallarlos).
2. Mezcla el adobo de ancho con el aceite y el contenido del bol para obtener un marinado espeso, casi una pasta. Extiende el marinado sobre el pollo y espárcelo por encima y por debajo. Deja marinar al menos una hora, o toda la noche.
3. Precalienta el horno 190 °C/170 °C con ventilador/375 °F/gas 5.
4. Pon el pollo en una cazuela gruesa de hierro fundido con tapa. Tápalo y deja cocer 1 hora, luego baja la temperatura del horno a 170 °C/150 °C con ventilador/340 °F/gas ¾, y hornea otros 20-25 minutos o hasta que se cueza bien. Para comprobar si el pollo está listo, introduce un termómetro digital en la parte más gruesa del muslo. Debe marcar 75 °C (167 °F). Si no dispones de termómetro, pincha el pollo en la unión de una pata con el cuerpo. Si sale un jugo transparente, el pollo está a punto. Si no, cocínalo 10 minutos más y vuelve a comprobarlo. Una vez cocido, retira el pollo de la cazuela y déjalo reposar 15 minutos.
5. Mientras se asa el pollo, prepara la ensalada de col. Empieza mezclando todos los ingredientes del aderezo en un bol. Deja que repose mientras preparas las verduras.
6. Corta en láminas finas las dos coles y añádelas a un bol grande. Con un pelador de papas, corta la zanahoria y el chayote en tiras finas, y añádelas al bol. Vierte el aderezo encima y revuelve. Deja que se mezclen los sabores mientras reposa el pollo. Prueba y rectifica de condimento antes de servir.
7. Corta el pollo y sírvelo con la ensalada y las papas fritas.

CONSEJO: Me gusta aprovechar las sobras, ¡si las hay!, para preparar una torta de pollo al día siguiente. Corta una telera (página 63) y tuéstala con un poco de mantequilla. Añádele refrito de frijoles negros con aguacate (página 71), mayonesa de chipotle (página 155) y un poco de ensalada de col. Añade un poco de pollo desmenuzado y unas láminas de aguacate. De pequeño, añadía unas papas fritas sobre el pollo, para que fuera más crujiente, un truco del colegio que también me permitían en casa (¡sigo haciéndolo de vez en cuando!).

Papas Fritas

Suadero de cachete de res

Los tacos de suadero son una institución en la Ciudad de México. El nombre procede de un corte gustoso del buey, situado a lo largo de las costillas, que se deshace al cocerlo a fuego lento; pero no es ni mucho menos la única carne que se usa para un taco de suadero irresistible. La tripa de res, lengua, longaniza (el chorizo mexicano) o las orejas de cerdo se unen al suadero para cocerse en un confit de grasa y jugos de cocción durante horas en la llamada olla choricera. La base de este utensilio presenta una parte abombada que sobresale para recalentar las tortillas y tostar las carnes antes de servir.

He procurado simplificar la receta con el uso de carrilleras y chorizo, pero me harías muy feliz si además le echaras tripa, lengua y oreja. Conserva la grasa de la cocción para freír unos huevos, cebolla, papas o verduras.

4-6 RACIONES

850 g (1 lb 14 oz) de grasa de ganso
2 carrilleras de buey (alrededor de 1 kg/2 lb 4 oz)
20 g (¾ oz) de dientes de ajo, pelados
6 ramitas de tomillo
4 hojas de laurel
4 chorizos para cocinar
6 nopales pequeños en conserva, lavados y en remojo toda la noche
8 cebollas tiernas (calçots), partidas por la mitad
unas 20 tortillas, compradas o caseras (página 57)
sal en escamas

PARA SERVIR

cilantro fresco
1 cebolla morada, troceada
salsa verde cruda (página 88)

1. Calienta 2 cucharadas de la grasa de ganso en una sartén grande a fuego medio y marca las carrilleras por todos lados durante 2-3 minutos. Pásalas a una cazuela gruesa de hierro fundido a fuego bajo y cúbrelas con el resto de grasa y el ajo, el tomillo y el laurel. Lleva a un suave hervor y deja cocer por espacio de 3 horas. Agrega el chorizo y deja cocer una hora más. Ahora, las carrilleras deberían deshacerse con facilidad.
2. Cuando la carne esté casi lista, precalienta el horno 100 °C/80 °C con ventilador/210 °F/gas ¼. Escurre los nopales y sécalos con papel de cocina. Corta los nopales en forma de peines, sin cortar las tiras del todo. Así el calor penetrará en ellos.
3. Calienta una sartén antiadherente grande a fuego bajo-medio. Añade 1 cucharada de la grasa de la cazuela y cocina las cebollas tiernas y el nopal 5-10 minutos, hasta que se churrusquen y estén blandos. Pásalos a un contenedor apto para el horno e introdúcelos en el mismo para mantener el calor.
4. Mientras cueces la cebolla y el nopal, retira las carrilleras y el chorizo de la grasa y añádelos a un bol. Pela el chorizo y desmenúzalo con dos tenedores. Desmenuza las carrilleras con el mismo sistema.
5. En la sartén de la cebolla y el nopal, fríe el chorizo a fuego medio un par de minutos, hasta que quede un poco crujiente. Pásalo a un plato de servir apto para el horno para mantenerlo caliente en su interior. Repite con las carrilleras: fríelas hasta que empiecen a estar crujientes, sazónalas si hace falta, y pásalas a la fuente para mantener el calor en el horno.
6. Unta las tortillas con un poco de la grasa de cocción y, con la sartén de antes, fríelas por tandas hasta que estén moldeables. Envuélvelas en un trapo de cocina limpio o papel vegetal para mantenerlas calientes.
7. Cuando estés a punto para servir, coloca las carnes, cebolla y nopal en una fuente, y sirve las tortillas, junto con el cilantro, la cebolla troceada y la salsa verde cruda. Deja que los invitados monten sus tacos, con carne, verduras y un poco de salsa.

Mole de olla con rabo de toro

Verás grandes recipientes con mole de olla cociéndose en los mercados mexicanos. A medio camino entre la sopa y el guiso, es un plato nutritivo que se prepara con cortes económicos de res y verduras que casi siempre incluyen papas y maíz. A mí me encanta el sabor que le da el rabo de buey. Puedes cocinar la carne a fuego lento la noche anterior y conservarla en el refrigerador, luego retirar la grasa de la superficie y terminar el guiso con las verduras.

4 RACIONES

3 chiles guajillos, limpios y sin semillas
3 chiles pasilla mixe, limpios y sin semillas
250 ml (8 ½ fl oz/1 taza) de agua hirviendo
500 g (1 lb 2 oz) de jitomates maduros, troceados
1 cebolla, troceada
8 dientes de ajo, pelados
1,5 kg (3 lb 5 oz) de rabo de toro, troceado
3 cucharadas de aceite
750 ml (25 fl oz/3 tazas) de agua
2 elotes, en 6 trozos cada uno
300 g (10 oz) de papas rojas, con piel, en dados
1 chayote (véase la página 246), en dados
120 g (4 oz) de ejotes, limpios

1. Tuesta los chiles en el comal o una sartén antiadherente a fuego medio durante unos minutos hasta que se ablanden. Procura no quemarlos. Pásalos a un bol y cúbrelos con agua hirviendo. Déjalos 1 hora en remojo.
2. Añade los jitomates, la cebolla y el ajo al vaso de la licuadora e incorpora los chiles con el agua del remojo. Tritúralo todo bien y reserva.
3. Calienta el aceite en una cazuela grande de hierro fundido a fuego bajo-medio. Añade el rabo de toro y sofríelo 5 minutos, dándole la vuelta a menudo, hasta que se dore. Vierte la mezcla de chile encima. Añade 750 ml (25 fl oz/3 tazas) de agua y hazlo hervir suavemente, con tapa, durante 2 horas. Retira la tapa y deja cocer una hora más, o hasta que el caldo espese y la carne se separe con facilidad del hueso.
4. Con una espumadera, retira parte del aceite teñido de la superficie. Añade los trozos de elote y las papas y cuécelo 15 minutos, luego agrega el chayote y los ejotes y deja cocer otros 20 minutos o hasta que las verduras estén listas.
5. Sírvelo caliente en un bol. Añade un poco de jugo de limón al mole de olla y acompáñalo con tortillas.

Chuletas de cerdo al pastor

Como sabrás si eres adicto a las taquerías, el cerdo al pastor se asa en un trompo o asador. Se van cortando finas rebanadas de los lados que se van cociendo al grill y se sirven en tortillas. Se puede reproducir la experiencia en casa amontonando chuletas de cerdo ensartadas en una broqueta y cortando láminas. Dos ingredientes clave de los tacos al pastor son la pasta de achiote en el marinado y la piña asada en lo alto. La pasta de achiote es una mezcla de semillas picadas (página 133) y especias. Además de dar al marinado un intenso color rojo, aporta un sabor único a nueces, casi cítrico. Para rematar el taco, me gusta asar rodajas de piña y marinarlas en azúcar moreno y limón.

En la Ciudad de México existe un debate acerca de la creación de la receta para estos tacos. Recuerdo ir con mis padres y hermana a El Tizoncito, en el barrio de la Condesa, para comerlos cuando estábamos en la zona. Siempre resultaba emocionante ver a los taqueros cortando la carne del trompo giratorio y, rápidamente, cortar una lámina de piña de lo alto de la carne, la cual caía hasta el plato que sujetaba otro taquero alrededor de 1 metro (3 pies) de distancia. Tal precisión podría hacerte pensar que aquel era el principal motivo de nuestra ilusión, hasta que la piña y la carne se funden en tu boca. Su habilidad con los cuchillos es excepcional.

4 RACIONES

4 chuletas de cerdo
30 g (1 oz/2 ½ cucharadas) de azúcar moreno claro
1 piña
jugo de 1 limón
1 chile jalapeño asado
1 chile scotch bonnet asado

PARA EL MARINADO DEL PASTOR

15 g (½ oz) de chiles guajillos, limpios y sin semillas
3 chiles de árbol, limpios y sin semillas
10 g (½ oz) de chiles anchos, limpios y sin semillas
75 ml (2 ¼ fl oz/⅓ taza) de agua
35 g (1 ¼ oz) de pasta de achiote
1 cucharada de sal
2 cucharadas de vinagre de manzana
5 cucharadas de vinagre de arroz
¾ de cucharadita de canela molida
½ cucharadita de semillas de cilantro
125 ml (4 ½ fl oz/¼ de taza) de jugo de piña
125 ml (4 ½ fl oz/¼ de taza) de jugo de manzana
20 g (¾ oz) de dientes de ajo, pelados
2 cucharadas de miel de agave

PARA SERVIR

1 cebolla morada, por la mitad y en láminas finas, para decorar
tortillas calientes, para servir

1. Empieza preparando el marinado. Tuesta los chiles en el comal o una sartén antiadherente a fuego medio-alto durante unos minutos hasta que suelten su aroma, vigilando que no se quemen. Pasa los chiles a un bol, cúbrelos con agua y déjalos reposar al menos 1 hora.
2. Escurre los chiles y reserva 75 ml (2 ½ fl oz/½ taza) del líquido del remojo. Añade los chiles y el agua de remojo reservada en el vaso de la licuadora, luego añade el resto de los ingredientes para el marinado y tritúralo bien.
3. Añade las chuletas a un bol de material no reactivo y cúbrelas con el marinado, de modo que queden bien impregnadas. Deja marinar en el refrigerador toda la noche.
4. Saca las chuletas del refrigerador al menos 1 hora antes de empezar a cocinarlas para que se templen.
5. Precalienta el horno a 190 °C/170 °C con ventilador/375 °F/gas 5 y forra una bandeja de horno con papel vegetal. Esparce el azúcar en una bandeja.
6. Sujetando la piña por las hojas, retira la piel y ojos con un cuchillo, luego dale forma cuadrada cortando 4 trozos de arriba hacia abajo del centro leñoso. Corta cada trozo en láminas de 1 cm (½ in) de grosor.
7. Calienta una plancha antiadherente a fuego bajo-medio y asa las láminas de piña 10-15 minutos por lado hasta que queden tiernas. Puede que debas hacerlo por tandas. Pasa las láminas de piña por el azúcar y colócalas en un bol. Alíñalas con jugo de limón y reserva.
8. Con la plancha en el fuego, añade las chuletas y cocínalas 3 minutos por cada lado, luego ponlas en la bandeja preparada. Ásalas en el horno por espacio de 6-8 minutos, en función de su grosor.
9. Cuando vayas a servir, amontona las chuletas una encima de otra, luego añade las láminas de piña en lo alto. Culmina la torre con los chiles asados y pincha con una broqueta atravesando el centro del montón para fijarlo. Corta láminas finas de cerdo y piña del montón y sírvelas en tortillas calientes, decoradas con láminas de cebolla morada.

Costillas de cerdo al pibil

La cochinita pibil es el plato emblemático de Yucatán. La cochinita, o cochinillo, se empapa con el marinado de achiote, se envuelve en hojas de plátano y se asa a fuego lento. Ya he hablado de las semillas de achiote, que se utilizan como colorante natural en la industria alimentaria (página 133). La pasta de achiote, una mezcla de semillas de achiote con especias, presenta un intenso color rojo y un sabor a pimienta y almizclado que marida de fábula con el cerdo. En Yucatán, para el marinado se emplean naranjas amargas. Prueba la receta con naranjas de Sevilla o una mezcla de jugo de naranja y de limón. Es un marinado que queda muy rico con las costillas. Si encuentras hojas de plátano, le añaden un sabor extra, pero las costillas resultan suculentas envueltas sencillamente en papel vegetal y aluminio.

Una advertencia: los chiles habaneros del marinado y la salsa *xni'pek* aportan mucho picante al plato.

4-6 RACIONES

2 costillares de cerdo de 1 kg (2 lb 4 oz) cada uno
aceite, para untar

PARA EL MARINADO DE PIBIL

150 g (5 oz) de pasta de achiote, desmenuzada
230 ml (7 ¾ fl oz/1 taza escasa) de jugo de naranja recién exprimido
3 cucharadas de jugo de limón
45 g (1 ½ oz) de dientes de ajo
1 chile habanero, limpio
1 ½ cucharadita de orégano mexicano
¾ de cucharadita de sal

PARA SERVIR

½ tanda de frijoles negros con hojas de aguacate (página 68)
Salsa *xni'pek* (página 97)

1. Añade los ingredientes para el marinado al vaso de la licuadora y tritura. Coloca las costillas en un recipiente de material no reactivo grande: un plato de vidrio o porcelana es ideal. Cubre con el marinado y deja en el refrigerador toda la noche.
2. Saca las costillas del refrigerador alrededor de 1 hora antes de cocinarlas. Precalienta el horno a 160 °C/140 °C con ventilador/325 °F/gas 3, y forra una bandeja de horno con un trozo de papel de aluminio lo bastante grande para envolver los costillares. Coloca una lámina grande de papel vegetal sobre el aluminio, y luego las costillas encima. Aprovecha todo el marinado del plato y viértelo sobre las costillas, junto con 200 ml (7 fl oz/1 taza escasa) de agua. Cubre con una segunda capa de papel vegetal y envuelve las costillas con el papel y el aluminio. Cierra los extremos del papel de aluminio.
3. Ásalo en el horno por espacio de 2 horas, luego abre el envoltorio para ver si la carne está bien cocida y se separa del hueso. Sube la temperatura del horno a 180 °C/160 °C con ventilador/350 °F/gas 5. Unta las costillas con un poco de aceite y ásalas 20 minutos más, en el envoltorio abierto, hasta que la parte superior de la carne forme una ligera costra.
4. Sirve recién sacado del horno, con frijoles negros y salsa *xni'pek* aparte.

Jarretes de cordero con salsa barbacoa

Una barbacoa tradicional requiere un hueco en la tierra, rellenado con rocas y un fuego vivo que las caliente. La carne –tradicionalmente cordero o cabra– se deja en el hueco, protegida con capas de hojas de maguey, que dan sabor a la carne. El hueco se cubre con un poco de tierra, y la carne se deja cocer a fuego lento toda la noche antes de desenterrarla por la mañana y servirla con tortillas y salsas (páginas 34-37). Pero no te preocupes: existe una receta más sencilla y accesible.

Como muchos otros platos, cada familia y cada región o estado tiene su interpretación y preferencias. La barbacoa del mercado de Zaachila, en Oaxaca, es tan rica como la de Hidalgo, pero se prepara, cocina y condimenta de otra manera. Allí, enrollan láminas finas de res –no cordero– mezcladas con hierbas en hojas de aguacate, y las cuecen al vapor.

Para esta receta, utilizo jarretes de cordero, los marino toda la noche y los cocino a fuego lento envueltos en hojas de plátano. Suelo poner rodajas gruesas de tomate y cebolla roja bajo los jarretes. Se pueden trocear, mezclar con los jugos de la cocción y servirse como salsa adicional. ¡El mejor umami a la mexicana!

4 RACIONES

4 jarretes de cordero
500 g (1 lb 2 oz) de marinado de barbacoa (página 86)
1 manojo de hojas de plátano
2 cebollas rojas, en láminas (opcional)
4 jitomates, en rodajas gruesas (opcional)
7 dientes de ajo, pelados
250 ml (8 ½ fl oz/1 taza) de caldo vegetal (página 72)

PARA SERVIR

tortillas, compradas o caseras (página 57)
salsa de aguacate (página 88)
cebolla morada (página 52)

1. Seca los jarretes con papel de cocina, luego marca la carne con un cuchillo afilado. Colócalos en un bol grande y reparte el marinado por encima, entre más grueso, mejor. Deja que marine en el refrigerador por espacio de 12 horas. Saca la carne del refrigerador al menos 1 hora antes de cocinarla para que los jarretes se templen.
2. Precalienta el horno 160 °C/140 °C con ventilador/325 °F/gas 3. Precalienta el gratinador al máximo y gratina los jarretes 5 minutos para sellar la parte superior y caramelizar el marinado.
3. Limpia las hojas de plátano y córtalas en 6 tiras de 25 × 40 cm (10 × 16 in). Pon las hojas en una sartén grande y sécalas tostándolas a fuego medio-alto durante 1 minuto, o hasta que queden moldeables y brillantes y cambien de color.
4. Forra una bandeja de horno de 25 × 30 cm (10 × 12 in) con 4 hojas de plátano, con la cara brillante hacia abajo, dejando que sobren por los lados. Esparce las rodajas de cebolla y jitomate encima, si las usas, y coloca los jarretes sobre ellas. Añade los dientes de ajo y vierte el caldo vegetal encima. Cubre con las otras 2 hojas de plátano, parte brillante arriba, y cierra el paquete con las hojas que sobresalen. Tapa con dos capas de papel de aluminio selladas meticulosamente. No deben quedar agujeros, huecos ni roturas en el papel por donde escaparía el vapor.
5. Asa los jarretes en el horno durante al menos 3 horas.
6. Cuando estén listos, retira el papel de aluminio y las hojas de plátano superiores. Si has añadido cebolla y tomate, sácalos de la bandeja y pícalos. Ponlos en un bol y añade unas cucharadas del jugo de la cocción a modo de salsa. Prueba y rectifica de condimento.
7. Sirve los jarretes sobre el lecho de hojas de plátano, con muchas tortillas, salsas y cebolla encurtida.

Coliflor ahumada con pipián blanco

El adobo para barbacoa es perfecto para verduras como la coliflor o incluso la calabaza. Yo lo sirvo con pipián blanco, una salsa tradicional de nueces asadas, para contrarrestar el picante del marinado. También se pueden asar las cabezuelas de la coliflor y servirlas con una salsa saludable para picar. Las cabezuelas sueltas se cuecen en unos 25 minutos.

4 RACIONES

1 coliflor, entera, con las hojas intactas
100 g (3 ½ oz) de marinado para barbacoa (página 86)
2 cucharadas de aceite de semilla de uva
sal marina en escamas
almendras tostadas troceadas, para servir

PARA EL PIPIÁN BLANCO

75 g de almendras
2 ¾ cucharadas de ajonjolí
3 cucharadas de piñones
250 ml (8 ½ fl oz/1 taza) de agua
1 cucharada de mantequilla
½ cebolla, picada
10 g (½ oz) de ajo, picado
sal marina y pimienta negra molida

1. Empieza preparando el pipián blanco. Tuesta las almendras en una sartén pequeña a fuego medio, removiendo constantemente hasta que se doren. Tardarán unos 4 minutos. Repite la operación con el ajonjolí y luego los piñones, ambos listos en 2 minutos. Pasa los frutos secos y semillas tostados a un bol y añade el agua. Deja en remojo al menos 12 horas.
2. Cuando vayas a cocinar, derrite la mantequilla en una sartén a fuego bajo y fríe la cebolla y el ajo 10-12 minutos para que caramelicen. Añádelos al vaso de la licuadora, junto con los frutos secos y semillas y el agua del remojo. Tritúralo bien. Salpimienta y reserva.
3. Precalienta el horno a 180 °C/160 °C con ventilador/350 °F/gas 5 y forra una bandeja de horno con papel vegetal.
4. Conserva las hojas de la coliflor: asadas son deliciosas. Lleva a ebullición una olla grande con agua salada y añade la coliflor, boca abajo. Escáldala por espacio de 5 minutos y deja enfriar 15 minutos.
5. Pon el marinado en un bol y poco a poco incorpora el aceite mientras lo bates todo junto. Embadurna la coliflor, cerciorándote de que penetra en todos los huecos, luego coloca la coliflor sobre la bandeja preparada. Ásala durante 45 minutos o hasta que esté tierna y dorada.
6. Sirve la coliflor cortada en cuñas, espolvoreada con sal marina y almendras tostadas, con el pipián blanco aparte.

Tacos de apio nabo y hongos con pipián verde

Aunque suela servirse con pollo, siempre he pensado que el pipián verde es perfecto para un plato vegano. Este fabuloso pipián contiene hierbas frescas, jalapeño, tomates verdes y semillas de calabaza. Su complejo sabor lo hace adictivo. Como ocurre con otras salsas de pipián, mole o adobo, la receta varía de un hogar o región a otra. Después de probar este plato, experimenta cambiando algún ingrediente, por ejemplo, probando diferentes semillas, añadiendo más cilantro o incluyendo hierbas culinarias de tu zona. A mí me gusta con albahaca tailandesa o estragón, ninguno de los cuales es habitual en la cocina mexicana.

En Europa, cuesta encontrar tomates verdes o de cáscara. Algunos agricultores los cultivan en verano, pero la producción es limitada. Con la ayuda de mi jefe de cocina Alex, he adaptado la receta para usar tomates vedes en lata y así puedas prepararla aunque no dispongas de tomates frescos.

4 RACIONES

- 350 g (12 oz) de apio nabo, pelado y en cuñas gruesas
- ½ tanda de adobo de ancho secos (página 85)
- 200 g (7 oz) de champiñones, en cuartos
- 1 cucharada de aceite de semilla de uva o vegetal, y más para untar
- 20 g (¾ oz) de sofrito de cebolla (página 50)
- 1 diente de ajo, picado
- 200 g (7 oz) de espinacas tiernas
- 12 tortillas, compradas o caseras (página 57)
- 2 cucharadas de semillas de calabaza tostadas, para decorar

1. Empieza preparando el pipián verde. Añade las semillas de calabaza, los tomates verdes, el jugo del tomate, la cebolla, el estragón, la menta y la albahaca en el vaso de la licuadora y tritúralo bien. Calienta el aceite en un cazo a fuego bajo y añade la mezcla triturada. Cocínala durante 10-12 minutos, revolviendo a menudo, hasta que espese. Vierte la mezcla en un plato y extiéndela para que se enfríe.
2. Añade las espinacas a un bol y vierte el agua hirviendo por encima. Retira las espinacas con una espumadera y pásalas al bol con agua y hielo, luego escúrrelas con las manos.
3. Vierte la mezcla de la fuente en el vaso de la licuadora, y luego añade las espinacas, el agua caliente, el jalapeño, la sal y el cilantro. Tritúralo bien. Puedes hacerlo por tandas si el vaso no es lo bastante grande. Reserva.
4. Precalienta el horno a 190 °C/170 °C con ventilador/375 °F/gas 5 y forra una bandeja de horno con papel vegetal.
5. Impregna los trozos de apio nabo con un poco más de la mitad del adobo de ancho. Embadurna los hongos con el resto de adobo.

PARA EL PIPIÁN VERDE

100 g (3 ½ oz) de semillas de calabaza, tostadas
100 g (3 ½ oz) de tomate verde en lata
100 g (3 ½ oz) de jugo de la lata de tomate
20 g (¾ oz) de cebolla
8 g (¼ oz) de hojas de estragón
12 hojas de menta
5 hojas grandes de albahaca tailandesa
1 cucharada de aceite de semilla de uva o vegetal
40 g (1 ½ oz) de espinacas
450 ml (15 fl oz/1 ¾ tazas) de agua hirviendo
1 chile jalapeño, limpio y troceado
¾ cucharadita de sal
10 g (¼ oz) de hojas de cilantro

6. Coloca las cuñas de apio nabo sobre la bandeja preparada, y úntalas con el aceite. Ásalas 20 minutos, luego añade los champiñones a la bandeja y ásalos 10-15 minutos más, hasta que el apio nabo quede tierno pero crujiente. Retira del horno. Una vez templados, corta el apio nabo y los champiñones en dados.
7. Añade el pipián verde en un cazo a fuego bajo y caliéntalo.
8. Mientras, pon una sartén a fuego medio-alto y calienta el sofrito con el aceite un par de minutos. Añade los dados de apio nabo y hongos y sofríelos un minuto más. Añade las espinacas y cocínalas hasta que se ablanden.
9. Unta las tortillas con el aceite y, en otra sartén, fríelas un minuto por cada lado, hasta que se ablanden y sean moldeables.
10. Puedes servir este plato de dos maneras. Puedes remojar las tortillas en la salsa y colocarlas en un plato, cubrir la mitad de cada tortilla con unos 40 g (1 ½ oz) de apio nabo y hongos, y doblar las tortillas; o bien rellenar y doblar las tortillas y salsearlas por encima. Decora con semillas de calabaza.

RUTA
103

Glosario

ACHIOTE Pasta yucateca elaborada con semillas de achiote y especias, de color rojo vivo. Se emplea para el cerdo marinado de la cochinita pibil diluyéndola con jugo de naranja agria, una variedad local.

ADOBO Pasta ahumada de chile elaborada con cebollas, ajo y especias.

AGAVE Planta nativa mexicana de hojas anchas y planas que terminan en punta, que florece una sola vez. El corazón del agave (la piña) se usa para elaborar tequila de calidad.

AL PASTOR Carne (de cualquier tipo, pero normalmente de cerdo) cocida en un asador vertical, al estilo de Oriente Medio.

ANCHO Pimiento poblano secado al sol.

ÁRBOL Chile rojo pequeño y picante.

ASADO/ASADA Carne a la parrilla o gratinada, por ejemplo, la «carne asada» está cocida sobre carbón.

BARBACOA Habitualmente carne, tradicionalmente de cordero, cocida en un agujero hecho en la tierra, envuelta en hojas de agave o plátano.

BETABEL Tubérculo de color morado también conocido como remolacha.

BURRITO Tortilla de harina ablandada con calor y que envuelve una serie de ingredientes (normalmente carne y frijoles) en forma de cilindro. Suele asociarse con la comida tex-mex y los ingredientes y tamaños son variables.

CALÇOTS Tipo de cebolla tierna producida en España, entre una cebolleta y un puerro.

CARNITAS Especialidad mexicana de la región de Michoacán. Se trata de confit de cerdo –trozos de carne cocinada en manteca– y las recetas con frecuencia incluyen Coca-Cola mexicana y jugo de naranja.

CEVICHE Pescado crudo curado en jugo de cítricos y mezclado con tomate, cebolla, chiles y hierbas.

CHABACANO Albaricoque.

CHAYOTE Tipo de calabaza.

CHÍCHAROS Guisantes.

CHICHARRONES Corteza de cerdo frita.

CHILAQUILES Totopos (o triángulos de tortilla) tradicionalmente acompañados de salsa verde o roja además de crema y queso.

CHIPOTLE Chile jalapeño ahumado y seco.

CHIPOTLE MECO Chile jalapeño ahumado y seco, de intenso sabor a humo y tabaco.

CHIPOTLE MORITA Chile jalapeño ligeramente ahumado pero principalmente seco.

CHORIZO Embutido fresco, muy condimentado con chiles y especias.

COCA-COLA (MEXICANA) Conocida como «Mexi-coke», a diferencia de la americana, esta se endulza con azúcar de caña en lugar de sirope de maíz rico en fructosa, que le confiere un sabor más «natural» y un toque rico y complejo de hierbas y especias. La cola mexicana suele formar parte de recetas de cocina, en especial cuando se emplean carnes grasas.

COTIJA Este queso firme de leche de vaca presenta una textura pálida y granulosa, y un sabor similar al del parmesano o el pecorino. Es una especialidad reconocida oficialmente de la región mexicana de Michoacán.

ELOTE Mazorca de maíz fresca.

ENCHILADA Tortilla de maíz frita con salsa o moles y rellena de carne de pollo o ternera desmenuzada, o también de queso y hortalizas.

EPAZOTE Hierba silvestre que crece en toda Norteamérica. Empleada para aromatizar platos, sopas y estofados.

ESCABECHE Mezcla de aceite, vinagre, hierbas y condimentos usada para encurtir jalapeños y otros vegetales.

FLAUTA Tortilla de maíz grande, rellena de carne de ternera, pollo o patata, y enrollada y frita. Su aspecto recuerda a una flauta.

GUAJILLO La versión seca de un chile mirasol, dulce y afrutado, ligeramente picante.

GUISADO Estofado de carne o vegetal, cocido a fuego lento hasta que los ingredientes se ablandan y deshacen. Se sirve con tortillas.

HABANERO Chile muy picante, afrutado y aromático, muy popular en la cocina yucateca.

HOJAS DE AGUACATE Hojas de esta planta, que poseen un sabor anisado y suelen emplearse en guisados y adobos o marinados.

HORCHATA Refresco elaborado con arroz batido, agua y especias como canela y cardamomo.

HUITLACOCHE En México, se considera un alimento selecto para saborear. Se trata de un hongo parásito del maíz.

JALAPEÑO Chile fresco moderadamente picante, muy popular en la cocina mexicana. Los jalapeños deshidratados reciben el nombre de chipotles.

LIMÓN Nombre común con el que se denomina a la fruta *Citrus × aurantifolia* en México, conocida en España y otros países como «lima». El *Citrus lemon*, o «limón amarillo» en México, recibe el nombre de «limón» en España.

MASA Masa elaborada con granos de elote nixtamalizados, molidos y mezclados con agua, que se usa para preparar tortillas de maíz y diversidad de antojitos. También se refiere a la masa preparada con harina de maíz nixtamalizado, agua y sal, empleada para preparar tortillas.

MEZCAL Licos destilado elaborado a partir del jugo de diferentes tipos de agave –silvestres y cosechados– tras ser cocidos.

MOJO DE AJO Salsa de ajo confitado.

MOLCAJETE Mortero de piedra usado para moler chiles para salsas.

MOLE Salsa compleja de la cocina mexicana, elaborada con chiles, especias y hierbas. El mole poblano es uno de los más conocidos y forma un equilibrio entre chiles, especias, fruta, hortalizas, chocolate y condimentos.

NIXTAMALIZACIÓN Proceso de remojo y cocción de granos de elote secos con una solución alcalina de agua con cal. El nixtamal es el producto obtenido tras el proceso y al molerlo se convierte en masa de maíz. Se trata de un método antiguo que se emplea en México y América Central para elaborar tortillas de maíz y otros productos derivados.

ORÉGANO MEXICANO Hierba culinaria de notas cítricas y herbáceas.

PAMBAZO Plato mexicano elaborado con un tipo de pan especial mojado en salsa de guajillo rojo y relleno de patata, chorizo, lechuga y crema.

PASILLA MIXE Chile largo, delgado, casi negro, de intenso sabor ahumado, que solo se produce en la región Mixe de Oaxaca.

PIQUÍN EN POLVO Chile en polvo picante, elaborado con chiles piquines.

POBLANO Chile de forma redondeada y color verde oscuro, que se usa para preparar chiles rellenos.

POZOLE Sopa consistente, medianamente picante, con carne de pollo o cerdo, maíz, cebolla y especias. También se le llama posole.

SERRANO Uno de los chiles que más se usan en el norte de México. Pequeño, verde y muy picante.

TACO Suele ser una tortilla de maíz, doblada por la mitad y rellena con carne, hortalizas y salsa. Puede freírse y servirse crujiente o tostada, o blanda y con ingredientes variados.

TAMALES Empanada de masa de harina de maíz, rellena con carne, hortalizas o fruta, envuelta en hojas de mazorca de maíz y cocida al vapor.

TOMATE VERDE Es un pariente de la familia de la uva espina. Se trata de un tomate de cáscara, muy gustoso y empleado para muchas salsas, especialmente la salsa verde.

TORTA Bocadillo mexicano, caliente o frío, preparado con panecillos telera tradicionales.

TORTILLA Alimento plano, delgado y redondo, preparado con masa nixtamalizada y luego cocido en el comal o plancha. Es probablemente el alimento más importante de la gastronomía mexicana.

TOSTADA Tortilla de maíz plana y frita, a menudo acompañada de guisados.

TOTOPOS Nombre tradicional para los triángulos de tortilla fritos.

Índice

A
achiote: costillas de cerdo al pibil 234
aderezos
  aderezo de cacao y agave 148
  aderezo de naranja para ensalada de col 223
adobo
  adobo de guajillo 89
  adobo verde 90
  alitas de pollo al tamarindo 190
adobo de guajillo 89
  caballa a la talla 215
  camarones al guajillo 208
  chicharrón prensado 165-6
  pambazo 169
  salsa de árbol 92
adobo para barbacoa 86
  coliflor ahumada con mole blanco 238
  jarretes de cordero con salsa barbacoa 237
agave
  aderezo de cacao y agave 148
  pan francés con agave, nibs de cacao y tocino 120
agua de coco: avena de amaranto y coco 139
agua quina de toronja: Paloma 202
aguacate, licuado de 107
aguacates
  cóctel de marisco 151
  ensalada de berros y rábano con amaranto 147
  guacamole clásico 44
  licuado de aguacate 107
  salsa de aguacate 88
  tostadas con callos de hacha y aguachile verde 189
  tostadas de cangrejo 186
aguachile: tostadas con callos de hacha y aguachile verde 189
ajo
  adobo de barbacoa 86
  caldillo de jitomate 51
  chipotles en adobo caseros 82
  jarretes de cordero con salsa barbacoa 237
  mojo de ajo 49
  mole de olla con rabo de toro 228
  salsa para enchilada 153
  salsa pasilla mixe 95
  suadero de cachete de res 227
alitas de pollo con tamarindo 190
almendras: granola con amaranto 138
amaretto: Mezcal Sour 202
ancho seco, adobo de 85
arándanos: tamales de jamaica 124
arándanos rojos: granola con amaranto 138
arúgula: ensalada de berros y rábano con amaranto 147
arroz: arroz a la mexicana 64
arroz a la mexicana 64
atole de fresas 122
avena: granola con amaranto 138

B
bebidas
  agua de jamaica 55
  bebidas y copas 196-203
  Bee's Knees 202
  Cubana 202
  chocolate de agua especiado 108
  horchata 107
  infusión de jamaica 104
  jarabe de café de olla 113
  jugo verde de nopal 104
  licuado de aguacate 107
  margarita de jamaica 201
  Mezcal Sour 202
  michelada de marisco 201
  Paloma 202
  Sangrita 201
  tepache 112
Bee's Knees 202
brioche: pan francés con agave, nibs de cacao y tocino 120
burrito de machaca y huevo revuelto 131-2

C
caballa a la talla 215
cachete de res y chorizo, suadero de 227
calamar en salsa cremosa de chipotle 216
caldillo de jitomate 51
  arroz a la mexicana 64
  chiles rellenos 220
  huevos motuleños 136
  sopa de lentejas con plátano macho y panceta 152
  sopa de tortilla 144
caldo
  caldo de pollo 72
  caldo de verduras 72
callos de hacha
  cóctel de marisco 151
  tostadas con callos de hacha y aguachile verde 189
camarones
  camarones al guajillo 208
  cóctel de marisco 151
  michelada de marisco 201
Campari: Paloma 202
canela
  horchata 107
  jarabe de café de olla 113
carnitas: carnitas de pato con cátsup de tomate verde 218
carnitas de pato con cátsup de tomate verde 218
cátsup
  cátsup de remolacha y pasilla mixe 96
  cátsup de tomate verde 218
cátsup: cóctel de marisco 151
cátsup de betabel y pasilla mixe 96
cebolla: cebolla morada 52
cebolla morada 52
  adobo de guajillo 89
cena 204-41
cerdo
  costillas de cerdo al pibil 234
  chuletas de cerdo al pastor 230-1
  harina de masa de maíz para tamales salados 60-1
cerveza
  Cubana 202
  michelada de marisco 201
chabacanos: salsa chamoy de piña y albaricoque 93
chayote: ensalada de col 155
chícharos
  arroz a la mexicana 64
  huevos motuleños 136
chicharrón prensado 165-6
chilaquiles con huevos fritos 123
chiles
  adobo de ancho 85
  adobo de guajillo 89
  adobo para barbacoa 86
  cátsup de betabel y pasilla mixe 96
  chiles en escabeche 46
  chiles rellenos 220
  chipotles en adobo caseros 82
  chuletas de cerdo al pastor 230-1
  guacamole clásico 44
  lacón ahumado73
  mayonesa de chipotle 155
  mole de olla con rabo de toro 228
  salmón en mole de frutas 210-11
  salsa chamoy de piña y albaricoque 93
  salsa de árbol 92
  salsa macha de habanero y semillas de calabaza 79
  salsa para enchilada 153
  salsa pasilla mixe 95
  salsa roja de molcajete 81
  salsa verde cocida 89
  salsa verde cruda 88
  sikil pak 98
  tacos dorados con mole «en chinga» 158-9
  xni' pek 97

chiles anchos
adobo de ancho seco 85
adobo para barbacoa 86
cazuela de pollo con adobo de ancho 223
tacos dorados con mole «en chinga» 158-9
chiles en escabeche 46
chiles habaneros
salsa de habanero de molcajete 81
salsa macha de habanero y semillas de calabaza 79
sikil pak 98
chiles rellenos 220
chipotle en adobo
calamar en salsa cremosa de chipotle 216
refrito de frijoles negros con aguacate 71
chocolate
chocolate de agua especiado 108
tacos dorados con mole «en chinga» 158-9
chocolate de agua especiado 108
chorizo
pambazo 169
papas con chorizo 165-6
suadero de cachete de res 227
clásico, guacamole 44
Cointreau: margarita de hibisco 201
col
coliflor: coliflor ahumada con mole blanco 238
coliflor ahumada con mole blanco 238
comida 140-71
costillas de cerdo al pibil 234
corteza de cerdo: chicharrón prensado 165-6
crema 65
calamar en salsa cremosa de chipotle 216
chilaquiles con huevos fritos 123
rajas de Padrón con crema 182
Cubana 202

D
desayuno 116-39

E
ejotes: mole de olla con rabo de buey 228
elotitos: chiles en escabeche 46
enchiladas de flor de jamaica 153
encurtidos
cebolla morada 52
chiles en escabeche 46
ensalada: ensalada de tomate con aderezo de cacao y agave 148
ensalada de berros y rábano con amaranto 147
ensalada de col 155, 223
espinacas: tacos de apio nabo y hongos con pipián verde 240
esquites 178

F
fresas: atole de fresas 122
frijoles 165-6
burrito de machaca y huevo revuelto 131-2
frijoles refritos 71
frijoles bayos 70
frijoles negros
frijoles 165-6
frijoles negros con hojas de aguacate 68
molletes con pico de gallo 133
refrito de frijoles negros con aguacate 71
sopes de hongo shiitake 184
frijoles refritos 71
burrito de machaca y huevos revueltos 131-2

G
granola con amaranto 138

H
harina de masa
atole de fresas 122
harina de masa de maíz para sopes 56-7
harina de masa de maíz para tamales salados 60-1
harina de masa de maíz para tortillas 56-7
tamales de jamaica 124
harina de masa de maíz
para tamales salados 60-1
para tortillas 56-7
tamales de jamaica 124
hierbas: adobo verde 90
hojas de aguacate
adobo para barbacoa 86
frijoles negros con hojas de aguacate 68
refrito de frijoles negros con aguacate 71
hojas de maíz
harina de masa de maíz para tamales salados 60-1
tamales de jamaica 124
horchata 107
hongos
sopes de hongo shiitake 184
tacos de apio nabo y hongos con pipián verde 240
huevos
burrito de machaca y huevos revueltos 131-2
chilaquiles con huevos fritos 123
huevos divorciados 126
huevos motuleños 136
huevos divorciados 126
huevos motuleños 136

J
jamaica
compota de jamaica 55
agua de jamaica 55
enchiladas de flor de jamaica 153
infusión de jamaica 104
margarita de jamaica 201
quesadillas de flor de jamaica 176
tamales de jamaica 124
jamaica, agua de 55
jamaica, compota de 55
jamaica, infusión de 104
jamaica, margarita 201
jamón
huevos motuleños 136
lacón ahumado73
jarretes de cordero con salsa barbacoa 237
jugo de limón
cebolla morada 52
mayonesa de jalapeño y limón 186
jugo de manzana: licuado de aguacate 107
jugo de naranja
aderezo de naranja para ensalada de col 223
licuado de aguacate 107
cebolla morada 52
costillas de cerdo al pibil 234
Sangrita 201
jugo de tomate: Sangrita 201
jugo verde de nopal 104

L
lacón ahumado 73
leche
queso fresco 67
tamales de jamaica 124

M
maíz
arroz a la mexicana 64
esquites 178
mole de olla con rabo de toro 228
rajas de Padrón con crema 182
manzanas
cátsup de tomate verde 218
salmón en mole de frutas 210-11
marisco
cóctel de marisco 151
michelada de marisco 201
marisco, michelada de 201
mayonesa de jalapeño y limón 186
mayonesa
de chipotle 155
de jalapeño y limón 186
Mezcal Sour 202
mojo de ajo 49
caldillo de jitomate 51
refrito de frijoles negros con aguacate 71
sofrito de cebolla 50
mole
salmón en mole de frutas 210-11
tacos dorados con mole «en chinga» 158-9

mole blanco, coliflor ahumada con 238
mole de olla con rabo de toro 228
molletes con pico de gallo 133

N
nibs de cacao
aderezo de cacao y agave 148
pan francés con agave, nibs de cacao y tocino 120
nopal
jugo verde de nopal 104
suadero de cachete de res 227

P
Paloma 202
pambazo 169
pan
molletes con pico de gallo 133
pambazo 169
pan francés con agave, nibs de cacao y tocino 120
telera 63
panceta, sopa de lentejas con plátano macho y 152
pasas: salmón en mole de frutas 210-11
papas
chiles en escabeche 46
mole de olla con rabo de toro 228
pambazo 169
papas con chorizo 165-6
peras: salmón en mole de frutas 210-11
perejil: caballa a la talla 215
cátsup de betabel y pasilla mixe 96
salsa pasilla mixe 95
tacos dorados con mole «en chinga» 158-9
pescado
caballa a la talla 215
salmón en mole de frutas 210-11
tacos de pescado al estilo Baja 155
pico de gallo 155
molletes con pico de gallo 133
pimientos: rajas de Padrón con crema 182
piña
chuletas de cerdo al pastor 230-1
jugo verde de nopal 104
salmón en mole de frutas 210-11
salsa chamoy de piña y chabacano 93
tepache 112
pipián blanco 238
pipián verde, tacos de apio nabo y hongos con 240
plátano macho: sopa de lentejas con plátano macho y panceta 152
pollo
alitas de pollo con tamarindo 190
caldo de pollo 72
empanadas de tinga de pollo 192-3
harina de masa de maíz para tamales salados 60-1
pollo asado con adobo de ancho 223
sopa de tortilla 144
tacos dorados 158-9

Q
quesadillas de flor de jamaica 176
queso
calamar en salsa cremosa de chipotle 216
huevos motuleños 136
molletes con pico de gallo 133
pambazo 169
quesadillas de flor de hibisco 176
queso fresco 67
queso fundido con rajas y chorizo 181
queso fresco 67
enchiladas de flor de jamaica 153
huevos motuleños 136
queso fundido con rajas y chorizo 181
queso fundido con rajas y chorizo 181

R
rábanos: ensalada de berros y rábano con amaranto hinchado 147
raíces de la cocina mexicana 27-33
rajas: queso fundido con rajas y chorizo 181
rajas de Padrón con crema 182
refrito de frijoles negros con aguacate 71
frijoles 165-6
huevos motuleños 136
molletes con pico de gallo 133
sopes de hongo shiitake 184
refritos
frijoles 165-6
molletes con pico de gallo 133
refrito de frijoles negros con aguacate 71
sopes de hongo shiitake 184
res: chiles rellenos 220

S
salmón en mole de frutas 210
salsa chamoy de piña y chabacano 93
salsa chile: Sangrita 201
salsa de habanero al estilo maya 97
salsa pasilla mixe 95
burrito de machaca y huevos revueltos 131-2
huevos divorciados 126
salsa roja cruda 78-9
salsa picante
salsa de aguacate 88
salsa de árbol 92
salsa de habanero de molcajete 81
salsa macha de habanero y semillas de calabaza 79
salsa para enchilada 153
salsa pasilla mixe 95
salsa roja cocida 78-9
salsa roja cruda 78-9
salsa roja de molcajete 81
xni' pek 97
salsa verde
chilaquiles con huevos fritos 123
harina de masa de maíz para tamales salados 60-1
huevos divorciados 126
salsa verde cocida 89
salsa verde cruda y salsa de aguacate 88
salsas
caldillo de jitomate 51
mojo de ajo 49
salsa chamoy de piña y chabacano 93
salsa macha de habanero y semillas de calabaza 79
salsas para remojar
guacamole clásico 44
sikil pak 98
Sangrita 201
Cubana 202
michelada de marisco 201
semillas de amaranto
ensalada de berros y rábano con amaranto hinchado 147
gachas de amaranto y coco 139
granola con amaranto 138
semillas de calabaza
granola con amaranto 138
salsa macha de habanero y semillas de calabaza 79
sikil pak 98
sikil pak 98
sirope de café de olla 113
sofrito de cebolla 50
burrito de machaca y huevos revueltos 131-2
chipotles en adobo caseros 82
quesadillas de flor de jamaica 176
rajas de Padrón con crema 182
sopes de hongo shiitake 184
tacos dorados 158-9
sofrito de cebolla 50
sopa: sopa de lentejas con plátano macho y panceta 152
sopa de lentejas con plátano macho y panceta 152
sopa de tortilla 144
sopes
harina de masa de maíz para 56-7
sopes de hongo shiitake 184
sopes de hongo shiitake 184
suadero de carrillera de res 227

T
tacos
tacos de apio nabo y setas con pipián verde 240
tacos de canasta 165-6
tacos de lengua de res 162
tacos de pescado al estilo de Baja 155
tacos dorados con mole «en chinga» 158-9
tacos de apio nabo y setas con pipián verde 240
tacos de lengua de res 162
tacos de pescado estilo Baja 155
tamales de jamaica 124

tamales, harina de masa de maíz para 60-1
telera 63
tentempiés 172-93
tepache 112
Bee's Knees 202
tequila
Bee's Knees 202
margarita de jamaica 201
Paloma 202
tilapia: tacos de pescado estilo de Baja 155
tinga: empanadas de tinga de pollo 192-3
tinga de pollo, empanadas de 192-3
tocino, pan francés con agave, cacao nibs y 120
tomate verde
cátsup de tomate verde 218
salsa verde cocida 89
salsa verde cruda 88
tomates
caldillo de jitomate 51
empanadas de tinga de pollo 192-3
ensalada de berros y rábano con amaranto 147
ensalada de tomate con aderezo de cacao y agave 148
guacamole clásico 44
mole de olla con rabo de toro 228
pico de gallo 133, 155
salsa para enchilada 153
salsa roja cruda 78-9
salsa roja de molcajete 81
tortillas
burrito de machaca y huevos revueltos 131-2
enchiladas de flor de jamaica 153
harina de masa de maíz para 56-7
huevos divorciados 126
huevos motuleños 136
quesadillas de flor de jamaica 176
sopa de tortilla 144
suadero de carrillera de res 227
tacos de apio nabo y hongos con pipián verde 240
tacos de canasta 165-6
tacos de lengua de res 162
tacos de pescado al estilo de Baja 155
tacos dorados 158-9
tortillas de trigo 62
tostadas con callos de hacha y aguachile verde 189
tostadas de cangrejo 186
totopos 65
tortillas de harina (trigo) 62
tostadas
tostadas con callos de hacha y aguachile verde 189
tostadas de cangrejo 186
tostadas de cangrejo 186
totopos 65

V
vainilla: horchata 107
vegetales
caldo de verdura 72
véase también por vegetales individuales

X
xni' pek 97

Z
zanahorias
arroz a la mexicana 64
ensalada de col 223

Descripción de las imágenes

Página 4. Mujer sonriente dirigiéndose a servir comida corrida cerca del mercado de San Juan, Ciudad de México. No hace falta plataforma digital.
Edson Diaz-Fuentes

Página 6. Imagen de rotulación artesanal «Ciudad de México», obra de Melquiades García Alcántara. Este tipo de letra y diseño ganaron popularidad en la ciudad en las décadas de 1970 y 1980 entre taquerías, torterías, puestos de helados y paleterías. Alcántara calcula que ha hecho más de 7.500 metros (24.600 pies) de rótulos en estos 50 años para decorar establecimientos clave de la ciudad.
Montserrat Castro

Página 15. Dulcería de Celaya, en la calle Mayo, número 5, Centro Histórico, Ciudad de México. Uno de los pocos locales tradicionales y auténticos que quedan de venta de dulces en la ciudad.
Edson Diaz-Fuentes

Página 16. Nuestra primera foto a la entrada del restaurante Santo Remedio, en Londres, en 2017.
Ronaldo Tavares

Página 18. Pescadero mostrando un cazón en el mercado de San Juan. El cazón es un pescado que se utiliza mucho en México. Se trata de un escuálido de la familia de los triáquidos.
Edson Diaz-Fuentes

Página 20. Taquería Los Cocuyos a las 2 de la madrugada. Bolívar, 57, Centro Histórico, Ciudad de México.
Edson Diaz-Fuentes

Página 26. Tienda de chiles secos en Puebla.
Edson Diaz-Fuentes

Página 29. Plato cerámico con los ingredientes para preparar mole poblano. Parte del taller de moles de Liz García, en Mural de los Poblanos, 2014.
Edson Diaz-Fuentes

Páginas 34, 35, 36 y 37. Gerardo Soriano y su familia preparando barbacoa en San José de los Laureles, Morelos. Desde elegir y matar la oveja, hasta limpiarla y prepara el horno bajo tierra hasta dejar cocer la carne cubierta con hojas de maguey y aguacate por espacio de unas 12 horas.
Adam Wiseman

Página 94. Vendedor de chiles pasilla mixe en Central de Abastos, Oaxaca. Probablemente el chile menos común en los platos de la Ciudad de México, pero esencial en mi despensa desde que lo descubrí hace dos décadas.
Edson Diaz-Fuentes

Página 110. Restaurante El Cardenal, Calle de la Palma, 23, Centro Histórico, Ciudad de México.
Edson Diaz-Fuentes

Página 167. Carnicería.
Edson Diaz-Fuentes

Página 195. Pollería.
Edson Diaz-Fuentes

Acerca del autor

Edson Díaz-Fuentes nació y se crio en la Ciudad de México. Se dio cuenta de que no era como el resto de sus amigos al pasarse horas observando cómo se preparaba, servía y presentaba la comida. En casa de su abuela, en una taquería o un restaurante durante las celebraciones familiares, le fascinaba el proceso del disfrute de la comida. Edson ha vivido en Nueva York, Londres y Oaxaca. Fue en Oaxaca donde trabajó en la cocina de Alejandro Ruiz, en Casa Oaxaca, y aprendió la diversidad de algunos de los ingredientes mexicanos y sus técnicas de cocción a fuego lento. Edson montó el Santo Remedio en Londres, en 2015, con su esposa Natalie para reproducir los sabores con los que creciera en México. Lo que empezó como una idea en Nueva York y luego un puesto de comida en Shoreditch, Londres, evolucionó hasta convertirse en el restaurante aclamado por la crítica que ahora se ubica en London Bridge. Cuando viaja a México, Edson disfruta descubriendo nuevos sabores e ingredientes, además de las historias de los platos que prueba. Le gusta especialmente perderse por los mercados allá donde esté. Edson vive en Londres con su esposa Natalie, hijo Sebastian e hija Cecilia, y además pasa tiempo en Cornualles y Oaxaca.

www.edsondiazfuentes.com

Agradecimientos

Empecé a escribir este libro justo cuando comenzó la pandemia de covid-19 y coincidiendo con el primer confinamiento de Londres, en marzo de 2020. Se me complicó el desarrollo de las recetas al perder el sentido del gusto y el olfato. Por suerte, eso duró poco. Toda la familia estaba en casa encerrada, el restaurante cerrado y se vivía una incertidumbre para la industria de la hostelería sin precedentes. No era para nada el escenario en el que me había imaginado cocinando y escribiendo. Pero en pleno caos político, cambios y confusión, tanto en el Reino Unido como en México, al final me puse a crear las recetas e historias. Los buenos alimentos y la interacción social son ahora más importantes que nunca. Escribo esto desde México, admirado por la resistencia de los productores y proveedores del país. Siguen trabajando ante los cambios llegados con la pandemia, un año desde que se iniciara. Quiero expresar mi especial agradecimiento a los hombres y mujeres que han permanecido tras los comales, ollas y trompos de la escena alimentaria callejera del país. Me han inspirado sin saberlo, bocado a bocado. Estoy profundamente agradecido a las personas que han contribuido a la creación de este libro. Gracias por sus comentarios sinceros. Ustedes ya saben quienes son. A mi amigo chilango y neoyorquino, Richard Ampudia, por las incontables charlas sobre comida mexicana y la manera de hacerla posible fuera de México, taco a taco. A Adam Wiseman, por capturar la esencia de DF con sus maravillosas fotografías. A mis padres y abuelos, que me introdujeron en las maravillas de la comida mexicana. A los directores de nuestro restaurante, Celine, Alexandra y Daniel, por su contribución al Santo Remedio en su misión de llevar lo mejor de la hospitalidad mexicana al Reino Unido. Al equipo editorial y todos los que han colaborado con el libro. Un agradecimiento especial para mi esposa y gran periodista, Natalie, por engullir todos los antojitos en casa, pero sobre todo por ayudarme cuando me encallaba. Y gracias a mis críticos más exigentes, mi hijo Sebastian y mi hija Cecilia, por probar las recetas no picantes de este libro. Los tamales y jugos son mucho mejores gracias a sus caras al probarlos.

La edición original de esta obra ha sido publicada
en Reino Unido en 2022 por Hardie Grant Books,
sello editorial de Hardie Grant Publishing, con el título

Ciudad de México

Traducción del inglés: Gemma Fors
Ilustración de la cubierta: Daniel New

Diagonal 402 – 0837 Barcelona
www.cincotintas.com

Primera edición: octubre de 2022

Impreso en China
Depósito legal: B 8549-2022
Código Thema: WBA
Cocina general y recetas

ISBN 978-84-19043-06-1

BIENVENIDOS
XOCHIMILCO